사랑을 알 수 있다면

사랑을
알 수 있다면。

강원상 지음

불완전한
사람들의
완벽한 사랑

NOW
BOOK

만나는 사람들에게 종종 묻곤 한다.

"어떤 색을 가장 좋아하세요?"

"파랑이요."

"노랑이요."

"보라색이요."

처음에는 특정 색을 좋아하는 사람들이 유난히 많은가 싶었지만 표본이 늘어날수록 대답은 다양한 색에 고르게 분포되었다.

아직도 그날의 기억을 잊지 못한다. 일곱 살 꼬마는 아름다운 꽃을 그리고 싶었지만, 그가 가진 열두 가지 물감 속에는 원하는 분홍색이 없었다. 36색 물감을 가진 친구들에게 빌리기에는 자존심이 상했던 아이는 어쩔 줄 모르고 끝내 눈물을 흘렸다. 그 모습을 본 선생님은 놀라 급히 달려와서 소년을 안고 토닥여주었다.

"왜 울고 있니?"

"분홍색이 없어요."

"그랬구나. 그럼 선생님이 마술을 보여줄까?"

마술이라는 말에 울음을 뚝 그치고 아이는 빨라진 선생님의 손동작을 지켜보았다. 선생님은 12색 물감 중에서 빨강색과 흰색을 꺼내 팔레트 위에 쭈욱 짜더니 붓으로 섞기 시작했다. 그러자 물감은 그렇게 원하던 분홍색으로 점차 변해갔다. 놀라움에 탄성을 지르며 소년은 박수를 쳤고 신기함에 색을 칠하는 것도 잊고 분홍색 만들기에 빠졌다.

"세상 모든 색을 가지려 하지 말고, 무엇이든 새로 만들 수 있는 원상이가 되렴."

아마도 그때부터였을 것이다. 파랑색에 흰색이 닿으면 하늘색이 되고, 검정색에 흰색을 물들이면 회색이 되듯이 이 세상에 소중하지 않은 색은 없다는 걸 알게 되었다. 시간이 훌쩍 지나 나는 흰 종이에 검은 활자를 그려넣는 작가가 되었고, 어릴 적 선생님의 인상적인 조언이 사랑하는 사람을 대하는 태도와 관련 있음을 깨달았다. 내가 소중한 만큼 소중하지 않은 사람도 없다는 걸, 혼자 불완전함을 탓하기보다 다른 사람을 통해 언제든 기적 같은 새로움을 창조할 수 있다는 걸.

우리는 상대를 하나의 색으로 단정 짓지 않고 어떤 색이 될 수 있는 모든 가능성으로 여길 수 있어야 한다. 만약 상대를 하나의 단색으로만 여긴다면, 사람에 의해 규정된 각각의 색상들처럼 그저 내 의도대로 가상의 상대를 만들어내는 것과 다름없다. "너는 빨간색이야"라고 규정하는 순간 상대는 수단화되고 내가 빨간색을 사용하기 전까지 상대의 존재는 필요 없어지기 마련이다. 그러나 우리 인간은 스스로 의식하고 자각하는 동물로서 각자라는 세계의 주인으로 독립적으로 존재하는 주체성을 갖는다. 그래서 "당신은 무슨 색을 좋아하는가?"라는 질문에 대한 다양한 대답이 가능했던 것이고, 우리는 이런 서로의 존재 가치를 인정해야만 한다. 빨강과 흰색이 만나 서로 닮아가며 분홍이 되는 기적이 일어나려면 우선 이 세상에 존재하는 다양성을 포용할 줄 알아야 한다는 뜻이다.

그래서 사랑은 상대에게 가지는 기대라는 빛이 투과되어 보이는 투명한 색이 아니라, 속이 비치지 않지만 점점 선명해지는 불투명한 색이 아닐까. 개방성으로 타자의 색을 받아들여 서로 뒹굴고 물들어가며 천천히 이 세상에 단 하나뿐인 색을 둘이 만들어가는 창조적인 과정이기 때문이다.

사랑은 '사랑'을 사랑하는 것이 아니라, '사람'을 사랑하는 것이다. 내가 꿈꾸던 사랑을 함께할 사람을 찾는 본능적 행위가 아니라, 오직 그 사람을 통해서 사랑의 의미와 나를 재발견하는 당위적인 행동이기 때문이다.

사랑은 단순히 때가 되어 노력하는 것이 아니고, 평생 준비한 '나'라는 사람을 평가받는 실전이다. 그래서 사랑은 그 어떤 것보다 어려운 과제인지도 모른다. 매번 기대는 있지만 만족은 없고, 후회가 남을 땐 이미 상대는 떠난 후이기 때문이다.

세상에는 사랑에 대한 수많은 책들이 존재하지만 이 책은 사랑하고 싶은 사람을 유혹하는 비법이 담긴 기술서도, 지친 마음을 달랠 목적으로 소비되는 위로의 책도 아니다. 다만 '사랑은 무엇인가'에서 시작한 애틋한 고민으로부터 '사랑을 지속하고 싶다'는 간절한 바람까지, 너무 가볍게 여겨지고 있는 사랑의 의미를 진정성 있게 고찰한 발자취이다.

우리 모두는 지금까지 '경험'만을 통해 사랑을 배워왔고 그 결과 매번 똑같은 실수를 반복해왔다. 사랑은 경험을 통한 학습뿐만 아니라 그 본질을 이해하기 위한 숙고가 반드시 필요하다는 것을 그 누구도 알려주지 않았기 때문이다. 만약 사랑을 이해하지 못하고 경험만 하게 되면 평생 맹목적인 사랑을 되풀이하고, 자기만의 사랑에 갇혀 매번 끝은 공허할 것이다. 그래서 더 이상 반복되는 이별로 사랑이라는 단어가 삶 속에서 점점 무뎌지지 않길, 부디 지나간 사랑에 대한 존중을 회복하길, 그렇게 이제라도 '내가 생각하는 사랑은 무엇인가' 자문하길 바라는 마음을 이 책에 담았다. 현재 나를 이해하려면 지나온 과거를 들여다봐야만 하듯이 앞으로 다가올 당신의 사랑

여행을 전망하고자 한다면 이 책을 통해 지나간 사랑의 과정을 찬찬히 돌아보길 바란다. 사랑을 알아가는 즐거움을 발견할 것이다. 그리고 앞으로의 사랑은 분명 예전과는 다르게 전개될 것이라는 뜨거운 격려를 전한다.

2019년 봄
강원상

차례

2부 사랑을 하기 위한 준비

3부 사랑의 이면, 질투와 집착

4부 사랑에 빠진 남녀의 뇌

5부 사랑의 철학

6부 사랑의 파국 또는 완성

왜 사랑을 공부해야 하는가

문학은 '사랑'에 대해 그 어떤 학문보다 열심히 이야기했지만 '사랑은 무엇인가'에 대해서는 아직도 답을 꺼린다. 사랑은 정의 내릴 수도, 측정할 수도 없는 신비로 남겨두었다. 그러다 보니 우리는 인간에게 가장 필요한 사랑을 각자 자기 경험에 의존하며 학습하고 터득하고 있다. 이렇게 자기만의 사랑 방식을 만드는 데는 성공한다 해도 과연 이런 경험 기반의 사랑이 진정한 사랑의 실체일까?

한편에서는 과학자들이 사랑을 조금씩 규명하려 하고 있다. 정확하게 말하면 사랑하는 사람들을 연구하고 있다. 왜 그 사람만 보면 심장이 급작스레 뛰게 되는지, 대체 그 사람의 어떤 매력이 신체의 반응을 유발하고 뇌에서 어떤 변화를 일으키는지…… 뇌과학자들은 이런 인간의 인지변화를 확인하고, 심리학자들은 인간의 태도에서 패턴을 연구해왔다. 그렇게 '사랑은 무엇인가'에 대한 답을 찾기 위한 연구들이 조금씩 쌓이고 있다. 그리고 밝혀낸 공식들이 하나씩 기사화되고 책으로 쏟아진다.

그러나 요즘 흔한, 쉽게 해답을 내는 연애지침서들은 절대 '사랑'이라는 단어와 어울리지 않는다. 우리가 사랑에 대한 글을 읽으면서 사랑에 대해 미리 알고자 하는 이유는 연애를 더 잘하기 위해서라기보다는 사랑하는 사람을 조금이라도 올바르게 이해하기 위해서가 아닐까. 물론 그러기에 앞서 사랑의 주체인 나부터 먼저 알아가는 노력이 무엇보다 필요하다. 사랑은 무엇보다 내가 알지 못했던 나를 찾아가는 과정이기 때문이다.

그래서 사랑을 시작하기 전 가장 필요한 사전 준비는 바로 '앎'을 '삶'에 반영하려는 최소한의 노력이 아닐까 한다. 상대에 대해, 관계에 대해, 사랑에 대해 우리가 매번 뒤늦은 후회를 반복하는 이유는 바로 경험해야만 깨닫게 되는 무지와 게으름에 있다.

생 텍쥐페리Antoine De Saint Exupery의 《어린 왕자Le Petit Prince》에 나오는 "중요한 건 눈에 보이지 않는다"는 여우의 말은 많은 사람들이 알고 있다. 그러나 그다음 문장 "기억해두려고 어린 왕자는 여우의 말을 똑같이 되풀이했다"는 잘 알려져 있지 않다. 어쩌면 중요한 것은 눈에 보이지 않는다는 진실을 알게 되는 순간보다 더 가치 있는 것은 여우의 말을 거듭 상기하며 숙고할 줄 아는 어린 왕자의 배움의 태도였을지 모른다. 누구나 한번쯤 하는 사랑의 경험을 쌓는 데 연연하기보다 그 소중한 경험으로부터 부족했던 나를 들여다보며 평생 내가 누구인지를 발견해야 하는 것이 우리의 운명이니 말이다. 앞으로 우리가 몇 번의 사랑을 하게 될지 모르지만, 언제라도 찾아오는 사랑을 위해 그전보다 나은 사람이 되려면 필연적으로 준비가 필요하다. 그 시작이 바로 사랑 공부다.

1부

만남과 끌림 。

•• 사랑의 발견 ••

　널브러진 인형들은 아무 기척이 없다. 분명 공간에 존재하지만 그 존재는 부재와 다름없다. 오직 누군가의 손이 닿아야만 존재의 가치를 갖게 되니 말이다.

　생각해보면 살아 있다는 것은 무언가를 하는 것이다. 존재는 단순히 공간을 차지하는 것이 아니다. 역동적인 선택으로 열정적인 행위를 완성해간다. 널브러진 인형 같던 내 가슴에 누군가 들어와서 어두웠던 온 방의 스위치를 모두 켰다. 무엇을 하고프게 만들었으며, 새로운 공간을 지배하라 정언하고, 사자의 심장을 가지게 만들었다. 나라는 존재를 일깨워준 당신의 이름 한 단어가 '사랑'에 대한 그 모든 질문들의 정답이 되었다.

　하루에도 수십 명의 사람들을 스쳐 지나가는데도 특정한 사람을 처음 보자마자 거센 심장박동을 온몸으로 체감하는 순간의 정체는 도대체 무엇일까? 이 감정이 사람들이 말하는 사랑일까? 아니면 순간적인 아름다움에 대한 끌림일까? 그렇다면 이 둘은 과연 같은가 다른가? 다르다면 무슨 차이가 있는가? 아무리 내성적인 사람이라도 사랑하고 싶은 사람을 발견하면 용기를 낼 수 있는 이유는 무엇일까?

첫눈에 반한다는 것

"혹시 이상형이 어떻게 되세요?"

인간의 평생 숙제는 꿈이라는 보이지 않는 이상향과 사랑할 만한 막연한 이상형을 찾는 것이 아닐까. 대체 이 땅 어딘가에 나의 이상형은 진짜 존재하는 것일까?

이유는 알 수 없지만 간혹 누군가는 어떤 예술작품을 보고나서 보통 사람들이 느끼는 감명 그 이상의 요동치는 희열을 느끼며 급작스럽게 증가하는 심장박동과 호흡곤란, 심하면 발작까지 이르는 무아지경을 경험하게 된다. 이탈리아의 심리학자인 그라지엘라 마제리니Graziella Margherini는 도저히 이해할 수 없는 이 강렬한 감정을 '스탕달 신드롬'이라 명명했다.

소설《적과 흑Le Rouge et le Noir》을 쓴 프랑스의 유명 작가 스탕달Stendhal은 미술작품 감상을 특히 좋아했다. 어느 날 이탈리아 피렌체 산타크로체 성당에 간 그는 14세기 화가 조토Giotto di Bondone의 미술작품을 감상하고 나오자마자 갑자기 두 다리에 힘이 풀리며 호흡곤란 증상이 나타나 한 달 동안 계속되었다고 한다. 그리고 당시 느낀 그 주체할 수 없는 감정을 자신의 일기장에 이렇게 남겼다.

"아름다움의 절정에 빠져 있다가…… 나는 천상의 희열을 맛보는 경지에 도달했다. 모든 것들이 살아 일어나듯이 내 영혼에 말을 건넸다."

그의 글이 거침없이 솔직하게 표현한 대로, 그 생생하고 강렬한 감정은 이상형을 바라본 한 인간의 황홀경과 비슷했다.

그런데 이처럼 첫눈에 반하는 끌림에는 부작용이 있다. 스탕탈은 《연애론De l'Amour》에서 이를 '결정작용cristallisation'이라고 표현하기도 했다. "끌림은 소금 채굴장에 평범한 나뭇가지를 던져놓으면 소금에 뒤덮여 마치 다이아몬드 결정처럼 되는 기적과 같다." 우리가 흔히 '콩깍지'라고 부르는 것이다.

한편 호세 오르테가 이 가세트Jose Ortega y Gasset는 〈사랑에 관한 연구Estudios sobre el amor〉에서 "사랑한다는 것은 궁극적으로 사랑의 대상이 '사랑받을 만하다'라는 믿음을 가지는 것이다"라고 말한다. 상대가 소금이건 돌이건 상관없이, 오직 그 존재는 다이아몬드의 가치만큼 인정받아야 마땅하다는 생각이다.

그녀는 나를 스쳐간 수많은 여성들과는 다른 특질을 가진 특별한 존재이며 절대 그 특질을 억지로 만들어낸 것은 아니라는 믿음이다. 어떤 여성이 미모가 출중하고 육감적인 신체를 가졌다면 주위 남성들에게 동물적 시선을 끌 수 있겠지만, 급작스럽게 사랑에 빠지는 돌발행동을 반드시 불러일으키진 못할 테니까.

이 돌발행동을 스페인어로 에나모라미엔토enamoramiento 라고 한다. 에나모라미엔토가 가진 힘은 단순한 환희를 넘어선다. 어느 날 어느 때 내 눈앞에 나타난 그녀로 인해 나의 모든 의식이 의도하지 않게 결박된 듯 고정된다. 그녀에 대한 생각은 점점 부풀어올라 무엇이라도 그릴 수 있는 상상이라는 도화지를 수시로 펼치고, 꿈이라는 환상을 증폭시키고, 이성을 무장해제시킨다.

이렇듯 우리는 원하든 원치 않든 자신만의 색안경을 끼고 그토록 기다리던 상대의 육체적인 인격과 처음으로 마주하며 바랐던 이상형이 맞는지 검수하고 또 실망하며 살아간다.

'사랑의 지도'와 '눈을 깜박이는 순간'

첫눈에 반하는 끌림에 대해 설명하는 두 가지 이론이 있다.

첫째는, 존스홉킨스 의과대학의 성의학자인 존 머니_{John} Money 박사의 '사랑의 지도_{love map}' 이론이다. 그는 태어나는 순간부터 빠르게 받아들인 자극들로 인해 좋고 싫은 이성 스타일이 우리 뇌에 각인된다고 설명한다. 특히 가장 큰 영향을 주는 어머니라는 존재는 이런 사랑의 지도를 만드는 기본 바탕이 되며, 어떤 타입을 선호하고 좋아하는지 늦어도 8세 전에 형성된다고 보았다. 이런 이유로 사람들이 대체로 어머니를 닮은 사람에게서 매력을 느끼는지도 모른다. 남녀가 서로 첫눈에 반한다는 건 상대가 무의식 속 '사랑의 지도'의 조건에 일치하는 경우이고, 뇌 속에 각인된 대상과 현실의 인물이 얼마나 완벽하게 일치하는지에 따라 상사병을 앓게 되는 강도가 결정된다고 존 머니는 주장했다.

또 하나는 미국 저널리스트 맬컴 글래드웰Malcolm Gladwell
의 의견이다. 그는 심리학에서 아주 작은 일부만 경험해도 패
턴을 찾아낼 수 있는 사람들의 능력을 뜻하는 '얇게 조각내기
thin-slicing'라는 개념을 '블링크blink'라는 대중적인 용어로 설명
하는데, 블링크는 '눈 깜박임', '흘긋 봄'과 더불어 '순간적인
판단snap judgment'이라는 의미를 갖고 있는 단어다. 저서 《블링
크blink》에서 그는 우리가 아주 짧은 순간 스친 상대를 '어떤 사
람이다'라고 판단하는 것은 상대의 '첫인상'을 통해 무의식적
으로 신속히 파악하는 능력이라고 말한다. 무엇을 꿰뚫어보는
혜안과 같은 의미의 '블링크'는 단순히 본능적인 느낌이 아니
라 직관적인 사고와 같다. 우리가 면접에서 가장 중요하다고
여기는 첫인상이 3~5초 만에 면접관에게 강한 인상을 남기고
호불호가 순식간에 결정되는 것처럼, 우리의 무의식 속에 좋다
나쁘다를 판단하는 기준인 이성적 패턴이 존재한다는 것이다.

우리가 낯선 이성을 만나서 짧은 순간에도 강한 호감을 느
끼게 되는 이유를 이 두 이론을 통해 정리하면 다음과 같다. 이
미 엄마품의 유아시절부터 좋고 싫은 이성의 스타일이 각인되
기 시작하고 성장과정에서 관계 맺기를 통해 자신만의 이상형
조건들을 보다 견고하게 완성시켜나간다. 이렇게 일찍이 각인
된 '이상형의 조건'이라는 총알과 꾸준한 경험으로 얻게 된 '직
관적 사고'라는 화약이 결합되고 나면 오직 자신만의 직관적인

판단에 의해 상대에 대한 '끌림'이라는 방아쇠가 당겨진다. 단단한 이성으로도 거부할 수 없는 강한 폭발력으로 인해 어쩔 수 없이 이상하게도 끌리는 존재의 출현을 온몸으로 체감하게 되고 필연적으로 끌려가는 강렬함을 느끼게 되는 것이다.

이상형과 소개팅의 조건

1차적 이상형이 첫 만남 때 외적인 것을 판단하는 주관적인 끌림에 의해 판단된다면, 상대방의 조건에 따른 마음의 움직임은 2차적 이상형의 조건이 되기도 한다. 다만 특이하게도 남성들만큼은 오직 1차적 판단에 크게 의존하는데, 일반적으로 이성을 만나는 소개팅 조건으로 꼽는 특징이 남성의 나이, 학력, 직업, 국적까지 모든 것을 초월하여 하나로 수렴되곤 한다. 바로 '젊고 예쁜 여성'이라는 것이다.

'찰랑거리는 긴 생머리는 잘록한 허리를 살포시 덮고, 커다란 눈은 자신이 얼마나 선한지 선언하듯 초롱초롱 맑으며, 피부는 하얗고 티 없이 고운 20대 여성.'

개인이 좋아하는 이상형의 타입을 적으라고 하면 어렵지만, 남성들이 좋아하는 여성상을 적어보라면 누구나 쉽게 적을 수 있다. 마치 남성들이 이런 여성을 좋아하는 것이 진리인 양

보편성을 부여받은 것이다. 왜 이런 공통점을 보이는 것일까?

진화론적으로 인간의 20대는 육체적 젊음을 말하며 젊음은 건강한 생명력이 넘친다는 것을 뜻한다. 즉 남성들은 오직 자신의 자손을 건강하게 탄생시킬 유전적 형질만 검토하는 것일 수 있다. 심지어 여성들은 느끼지 못하지만, 남성들은 같은 여성이라도 가임기 때 여성의 외모가 더욱 생기가 있고 아름답다는 걸 본능적으로 느낀다고 한다.

반면 여성은 남성과는 다르게 더욱 복잡하고 깊게 관찰을 한다. 여성들도 얼굴이 수려하고 키가 훤칠한 모델 같은 남자와의 만남에서 상대에 대한 호감이 높아지긴 한다. 그러나 조금 더 상대를 알고 싶은 마음이 생길 뿐이지 남성에 비하면 쉽게 끌리진 않는다.

똑같이 자상한 남자라는 조건에서 여성들은 외적인 매력보다는 오히려 그의 전체적인 능력을 고려한다. 그 능력은 직업이 될 수도 있고, 그의 부모가 가진 것일 수도 있으며, 주변의 인맥일 수도 있다. 이런 신중함은 오랜 시간 남성이 강자였던 남성지배사회에서 약자인 여성이 자신은 물론 태어날 생명까지 지켜내기 위한 필연적 선택이었다고 진화생물학자들은 이야기한다.

남성을 적극적이게 만드는 여성

남녀의 심리를 추리하는 한 미팅 프로그램을 보았다. 서로 모르는 남자 세 명과 여성 세 명이 한 공간에서 만났다. 그들은 하루가 채 안 되는 시간 동안 상대를 지켜보고 마음에 드는 이성을 선택했다. 그 짧은 시간 동안 판단 기준은 오직 '첫인 상'이었다. 알다시피 누구에게나 첫인상은 3초 만에 호감 여부를 결정할 만큼 빠르고 치명적이다. 그리고 이때의 호감은 앞으로 대할 상대에 대한 신뢰감과 친근감까지 확정적으로 예견한다. 이 프로그램에서는 한 여성이 첫날에 남자 세 명에게 몰표를 받았다. 과연 그녀가 받은 첫인상의 호감은 단순히 외적인 모습 때문이었을까.

심리학자 데브라 월시Debra Walsh와 제이 휴잇Jay Hewitt은 여성의 행동을 통해 남성의 적극성을 연구했다. 이들은 저녁 칵

테일 바에 매력적인 한 여성을 대기시키고 이 여성이 어떤 행동을 취했을 때 남자들이 다가오는지를 실험해보았다.

그 결과 여성이 특정 남성을 쳐다보고 눈이 마주쳤을 때 미소를 보내면 60%의 남성들이 다가왔고, 시선만 마주치고 미소는 보이지 않았을 때는 20%, 쳐다보지도 않았을 때는 아무도 다가오지 않았다는 것을 확인했다.

이 실험은 남자를 움직이게 하는 적극적인 동기를 바로 여자가 부여한다는 것을 보여준다. 조금 더 정확히 말하면 여성이 취한 태도에 따라 남성의 적극성이 결정된다는 것이며, 반대로 여성은 전혀 그런 마음이 없음에도 남성이 오해나 착각을 하는 이유가 되기도 한다.

이런 관점으로 미팅 프로그램을 재시청해보면 여성 세 명 중에 유난히 남성들에게 다정스럽게 미소를 지어주었던 한 여성의 반복적인 태도가 남성들에게 강한 적극성을 동기부여한 합리적인 근거가 될 수 있다. 이건 마치 면접관이 무덤덤한 표정을 한 지원자보다 옅은 미소를 머금은 지원자에게 더욱 호감을 갖게 되는 것과 다르지 않다.

이와 관련된 에피소드를 우리 일상에서도 찾을 수 있다. 무더운 여름, 광안리 앞바다 수변공원에는 삼삼오오 앉아 있는 여성들에게 말을 걸려고 하는 남성들이 선착순으로 줄지어 대기한다. 한 공간 속에서 숨길 수 없는 수컷들의 긴장감과 부끄러움이 교차하는 풍경을 흥미롭게 보던 중 유난히도 길게 늘어선 줄 하나가 눈에 띄었다.

'대체 얼마나 아름다운 여성일까?'

그러나 예상과는 달리 그녀들의 모습은 지극히 평범해 보였다. 오히려 주변의 더욱 화려하게 치장하고 나온 여성들이 외적으로 두드러져 보였다. 하지만 잠시 지켜본 결과 주변 여성들과는 분명한 차이점 하나를 발견할 수 있었다. 바로 그녀들의 표정과 태도였다. 분명 자신들에게 말을 거는 남성들 앞에서 부끄러워하면서도 시선을 회피하지 않고 마주보며 밝은 미소를 짓고 있었다. 이 상황을 당황스러워하면서도 즐기는 듯 보였고 분명하면서도 정중히 거절하고 있었던 것이다. 반면 미모가 화려하지만 어떤 남성들에게도 시선 한 번 주지 않는 여성들 주위에는 다들 좀처럼 다가가지 못했다. 누군가 용감히 질문을 던진 뒤에도 응답 없는 모습을 확인하자 주위를 서성거리던 남성들마저 뒤돌아섰다.

독일 막스플랑크 인간행동학 연구소의 크리스티아네 트라미츠Christiane Tramitz 연구원도 비슷한 주제의 실험을 했다. 실험은 에스테르라는 아름다운 여배우를 술집에 투입하여 정해진 시간에 몸을 돌리며 남자를 유혹하는 듯 착각하게 만들었다. 에스테르가 한 번 쳐다본 것만으로도 남자들의 8%가 자기에게 관심 있다고 믿었으며 29초 만에 그 믿음을 확신했다. 그렇게 다섯 번째 고개를 돌리자 남자의 71%가 '이 여자는 나를 원해'라고 확신했다고 한다. 그리고 그런 확신에 걸린 시간은 고작 2분이었다.

그렇다면 누구는 이런 확신이 단번에 들고, 누구는 다섯 번 고개를 돌려야 확고한 마음이 섰을까? 바로 이성을 대하는 '부끄러움'의 차이였다. 남성들은 여성이 보낸 미소에 착각을 일으키고 즉시 행동하는 것이 아니라 각자만의 확신 기준에 따라 행동을 개시한다. 이렇듯 여성을 대하는 남성들의 부끄러움도 남성 행동의 적극성을 결정하는 요소로 중요하게 작용했다. 당연히 여성과 교제 경험이 다수 있거나 평소 여성들과 지내는 시간이 잦은 남성일수록 이 행동 개시가 빨랐다.

이런 과학적 연구들을 통해 중요한 사실 하나를 도출하게 된다.

'남성들을 착각하게 하는 여성들의 유혹 신호는 여성의 외모와 별로 상관이 없었다.'

어느 때보다 아름다움을 추종하는 현대사회에서 '여성의 가장 큰 무기는 미모'라는 부정하기 힘든 주장이 정설처럼 만연한 가운데 두 연구결과는 대세에 반하는 주장임은 틀림없다. 그러나 사랑에 빠지는 순간이 아닌 단순히 첫인상을 결정하는 순간으로만 상황을 가정한다면, 이성과의 첫 만남에서 마음에 드는 상대방에게 호감을 표현하게 하는 가장 큰 요인이 남녀를 떠나 외적인 아름다움이 아니라 따뜻한 미소와 적극적인 반응이라는 것을 이해할 수 있다.

　개인적인 생각에 상대의 호감을 얻는 방법 중 따뜻한 미소만큼 강력한 것이 바로 상대를 칭찬하는 것이다. 누군가에게 칭찬을 하려면 우선 최소한 관심을 가지고 상대를 주의 깊게 바라봐야 하기에 가치가 있다. 칭찬을 하면 상대의 자존감을 추어올리고 자연스럽게 나에 대한 관심까지 높이게 된다. 반대로 상대에게 칭찬을 받으면 나는 조금 더 존중받고 특별하다는 느낌을 갖는데 이것은 어떤 몸짓이나 눈길보다 직설적이고 포용적인 느낌을 전달받았기 때문이다. 이것이 바로 칭찬이라는 '호감'을 표하는 긍정에너지의 힘이다.

　'잘 웃어주고 칭찬해주기.' 어쩌면 이 당연한 것을 너무 쉽게 간과하고 있던 것은 아니었을까.

인간이 평생 사랑을 갈망하는 이유

성서에는 신이 아담의 갈비뼈 하나로 이브를 만들었다고 적혀 있다. 성서의 신화에 대해 심리학자 에리히 프롬Erich Fromm은 인간 남성과 여성이 서로 하나였다가 분리된 상태로 마치 자석처럼 양극성을 가지고 있다고 설명하며, 이를 남녀가 합일하려는 욕구의 근거가 된다고 봤다. 그러나 이 이야기는 비록 신화이지만 단지 여성이라는 이유만으로 남성의 갈비뼈라는 종속된 개념으로서 존재의 가치를 제한했기에, 차라리 그리스 철학자 플라톤Platon의 신화 이야기를 소개하고자 한다.

플라톤의 저서 《향연Symposium》에는 지금 우리의 모습과는 조금 다른 최초의 인간이 있었다고 전해진다. 태초 인간은 구球형으로, 네 개의 팔과 다리 그리고 성기도 두 개를 가졌다. 그는 엄청나게 힘이 세고 빨랐으며, 신처럼 완벽했다. 자신들의 힘을 너무 믿은 오만한 인간은 급기야 신에게까지 위협을 가했고, 결국 신들의 왕인 제우스가 직접 나서 그를 장작 쪼개 듯 정확히 둘로 갈라놓았다. 그때부터 인간은 잘려진 나머지 반쪽에 대한 그리움을 평생 가지게 되었고, 그렇게 해서 사랑의 신 에로스가 태어났다고 한다.

플라톤은 이 신화를 통해 "원래의 본성을 찾기 위해 아주 오래전부터 인간은 서로에 대한 사랑을 타고나며, 사랑은 둘을 하나로 만들고 인간의 본성을 치유하려고 노력한다"라며 인간은 평생 사랑을 갈구할 수밖에 없는 존재임을 설명했다. 즉 인간은 완벽했지만 성별이 나뉘며 모두 불완전해졌고, 그 불완전을 극복하기 위해 평생 사랑을 찾아다니며, 사랑을 만끽하는 인간들은 마침내 신처럼 완벽해진다는 것이다.

어쩌면 당신이 찬바람이 부는 날 옆구리가 시렸던 이유도, 사랑하는 커플들을 보면 부러워했던 이유도, 바로 그들이 완벽해 보였기 때문일지 모른다.

흔들리는 다리 위에서
뇌는 착각한다

1974년 브리티시컬럼비아 대학교 심리학자 도널드 더튼 Donald Dutton과 아서 애런Arthur Aron 박사는 유명한 캐나다 카필라노 강의 다리 위에서 실험을 했다. 한쪽 다리는 70미터 높이의 계곡을 가로지르는데 폭은 겨우 1미터인데다 길이가 140미터나 된다. 더군다나 현수교라서 흔들리기까지 한다. 반면 다른 다리는 단단한 나무다리로 비교적 낮은 위치에 있고 흔들리지 않았다.

실험은 두 다리를 건너는 남성들에게 한 아름다운 여성이 설문지를 들고 인터뷰를 요청하며 시작된다. 마지막 질문까지 대답을 한 남성에게 여성은 "만일 이 인터뷰에 대한 결과를 알고 싶다면 연락 주세요" 하며 자신의 연락처를 남긴다.

결과는 어땠을까? 흔들리는 다리를 건넌 남성 중 절반이 전화를 걸어왔지만, 안정적인 다리를 건넌 남성 열여섯 명 중에서는 겨우 두 명만 전화를 했다고 한다.

왜 이런 차이가 생겼을까. 해답은 바로 인간의 뇌에 있었다. 70미터 높이의 협곡을 지난 남성들의 뇌는 극도의 긴장감으로 위험을 감지해 흥분을 야기하는 호르몬을 흠뻑 분비하게 된다. 막 다리를 건너온 남성들의 뇌는 아직도 흥분이 진정되지 않은 상태에서 흥분의 원인을 자신 앞에 있는 여성이라고 혼동하게 된 것이다.

'카필라노의 법칙'대로라면 내가 누군가를 처음 보고 반한 경우, 긴장된 상황이었는지에 따라 그 감정은 허구일 수도 있다고 조심스럽게 생각해볼 수 있다.

물론 누군가는 인간의 뇌가 흥분의 원인을 혼동할 만큼 치명적인 착각을 할까 하고 합리적인 의심을 할 수 있다. 일찍이 1962년 사회심리학자 스탠리 샤흐터Stanley Schachter는 신체반응과 감정 사이의 관계는 마치 주크박스와 같아서 동전을 넣으면 당연히 음악이 나오는 것과 같다고 설명했다. 사람은 기존과 다른 상태로 넘어갈 때 느끼는 정서(기쁨, 분노)를 통한 각성 및 생리적 변화를 모두 동일시하기 때문에 주변환경에 따라 늘 착각한다는 것이 그가 발표한 정동 2요인이라는 정서이론의 핵심이다.

쉽게 말하면 어떤 상황에서든 뇌가 신체에 우선적으로 반응한다는 것이다. 보통 흥분은 어떤 자극에 의한 감정의 격동이며 이 원인은 분노나 기쁨, 불안 등 다양하다. 그래서 지금 내가 왜 흥분해 있는지에 대한 근원적 원인을 정확히 아는 것은 어쩌면 원천적으로 불가능할지 모른다. 다만 익숙한 환경에서보다 낯선 타지에서 만난 사람과 사랑에 빠지기 쉬운 것도, 안전한 국가보다 전쟁 중인 국가에서 남녀가 사랑에 쉽게 빠지는 것도 모두 흥분에 대한 뇌의 반응과 관련이 있다.

그런데 상대의 마음을 얻기 위해 극적으로 상황을 바꾸고 싶다면 인위적인 불안감을 조성하기보다는 극적인 긴장감을 감동으로 연결하는 것으로 현명하다. 오랫동안 이어온 전통처럼 프러포즈에 공을 들이는 이유도 마찬가지다. 단순히 프러포즈를 준비한 노력으로 감동을 이끌어내는 것이 아니라, 기대치 못한 그 순간의 긴장감과 흥분상태로 인해 이 세상에서 가장 사랑스러운 사람이 자신 앞에 있단 착각을 심어줄 수 있기 때문이다. 상대에게 들키지 않은 프러포즈야말로 결혼을 허락받기 위한 최선의 방법이다.

강렬한 끌림의 비밀

"왜 내가 좋아?"라는 그녀의 질문은 문과였던 내게 3차원 방정식을 푸는 것보다 어려웠다. 고작 몇 단어로 그녀의 매력을 한정시킨다는 것부터 용인되지 않았지만, 내가 말한 단어들이 그녀에게 요구하고 바라는 모습으로 오해될까봐 조심스러웠기 때문이다. 상대에게 "너는 무엇 때문에 좋아"라고 말하는 순간 그것이 오히려 이별의 빌미가 되어버린다는 사실을 나는 이미 본능적으로 알고 있었던 것 같다.

캘리포니아 주립대학교의 사회학자 다이앤 펨리Diane Felmlee는 어떤 사람의 매력이 나중에 헤어지는 원인이 되는 경우가 단순히 우연이 아닐 것이라고 가정하고 연구를 했다. 최초 만남에서 상대에게 느끼는 이른바 '치명적인 끌림fatal attraction'을 확인하고 싶었던 것이다. 그는 남녀 대학생 301명에게 지난 연애가 실패한 이유를 물었고, 88건 약 30%가 치명적인 끌림 때문에 연애를 시작했다가 오히려 그 점에 실망해 헤어지는 식의 패턴이 있음을 확인했다.

보통 이 '치명적인 끌림'은 내게 부족한 부분을 상대가 가진 데서 시작된다. 활동적인 사람이 조용한 사람에게 끌리거나, 유머러스한 사람이 말이 없는 사람을 좋아하는 것처럼 말이다. 펨리 교수는 이 연구를 통해 처음에는 서로 가장 좋은 모습만 보여주기 때문에 개인에 따라 다르지만, 대개 6개월이 지나면서부터 점차 실망이 나타날 수 있다고 설명했다.

대다수의 사람들이 자신과 비슷한 성향을 가진 사람을 만나면 색다름을 느끼지 못한다. 성향이 비슷한 친구 같은 편안함 때문이다. 반면 자신과 다르지만 평소 동경하던 또는 관심 있던 특성을 가진 타자를 만나면 어느덧 깊게 매료된다. 극과 극이라는 것은 내가 원했지만 가보지 못했던 곳을 여행하는 신비로움을 준다. 타자가 가진 새로움은 홀쭉했던 풍선에 직접 생명력을 불어넣는 것과 같아서 금세 부풀어 높이 떠오르지만 언제라도 터져 추락할 수 있는 위험성도 가진다.

길을 걷다가 우연히 마주한 꽃 한 송이가 있다. 그저 땅 위에 핀 평범한 민들레꽃이지만 누군가에게는 너무나 '아름다운' 꽃으로 보이는가 하면, 곧 흩날릴 운명이 될 '측은한' 꽃으로 보일 수도 있고, 또는 아스팔트 틈에서 핀 세상에서 가장

'강인한' 꽃이 되기도 하며, 어디라도 씨를 뿌리는 '헤픈' 꽃이 되기도 한다. 정작 꽃은 변함이 없는데 내가 기대하는 감정에 특별한 형용사를 붙여 꽃이라는 대상에 의미를 부여하는 것과 다르지 않다. 그렇게 내게 보이는 대로, 내가 바라는 대로 사물은 이상화되고 만다.

내가 가지지 못한 상대방만의 매력으로 인한 신비감은 기대와 착각을 만들어내기 충분하며 이런 끌림에 빠진 우리는 경탄해 연애를 시작하게 된다. 내게 치명적인 매력으로만 보였던 상대의 태도가 점차 관계가 지속되면서 오히려 '불편함'을 유발하는 결정적인 이유가 된다는 걸 처음에는 알지 못한다. 아니 천천히 그 실체에 가까워지면서도 부디 그렇지 않기를 바라며 끝까지 부정하고 싶어하는지도 모른다. 인간은 누구나 자신이 신중히 선택한 것이 잘못되었음을 인정하지 않으려는 회피성이 있기 때문이다. 시간이 지남에 따라 서로가 익숙해지면 편해질 법도 한데, 오히려 반대작용이 일어나는 이유는 도대체 무엇 때문일까?

펨리는 이 문제를 이른바 '치명적인 매력'의 관점을 적용해 관찰했는데 매우 신기한 것을 발견한다. 연애 상대와 배우자가 어떤 행동을 하면 갑자기 짜증이 나서 미칠 것 같다고 하는데, 정작 아무 상관 없는 제3자가 그와 똑같은 행위를 하면 비교적 쉽게 이해하거나 넘어가주는 관대함을 보인다는 사실이 었다.

즉 어느 날 남자친구에게 "넌 무슨 밥을 그렇게 허겁지겁 먹어?"라고 말하는 그녀의 한마디 짜증은 단순한 시비가 아니다. 처음에는 분명 그의 먹성 좋고 맛있게 먹는 모습을 좋아하던 그녀가 문득 자신 앞에 마주앉은 사내가 게걸스럽게 음식을 씹는다는 현실을 깨달았다는 암시가 담겨 있다. 이렇게 한번 마주한 진실은 매번 그와의 식사시간을 거슬리고 불편하게 만든다. 생각해보면 분명 그보다 더 듣기 싫은 소리를 내며 음식을 씹는 사람들이 주변에 존재하는데도 유독 그에게만 쩝쩝 소리를 낸다고 지적하기 시작한다. 또 초반에는 통통한 그녀가 이상형이라던 그가 함께 떡볶이를 먹으러 갔다가 다이어트 이야기를 거듭 꺼내는 순간이 온다.

이 모든 것이 분명 처음에는 화려하고 반짝이는 다이아몬드로 보였던 것이 깨물어보니 소금임을 깨달았을 때 느끼는 짜디짠 불편함 같다.

우리는 이런 사실을 통해 치명적인 매력에 빠진 사람이 얼마나 위태로운 살얼음판을 걷고 있는지 분명히 알아야 한다. 특히 유난히 반짝임에 쉽게 빠지는 사람은 상대의 결점을 최초에 살피려 하지도, 인정하려 하지도 않는다. 이런 사람일수록 파트너와의 관계에서 반드시 유념해야 할 것이 있다. 바로 상대의 특별함 이면에는 부정적인 모습도 공존한다는 사실이다. 그 사실을 하루 빨리 인정해야 한다.

당신의 지나간 연애들을 곱씹어보면 상대방의 신중함이 어느 날 우유부단으로, 자신감이 거만함으로, 세심한 배려가 지나친 이타심으로, 과묵한 매력이 감정표현 없는 모습으로 돌변해 매번 이별 사유가 되었다. 아쉽지만 소금의 반짝임에 현혹되어 다이아몬드로 여긴 주체는 바로 나였다. 그리고 내가 만들어낸 그 특별함이 지나치게 완벽했을수록 시간이 지나 알게 된 불편함과 짜증은 상대적으로 더욱 커질 수밖에 없다. 마치 애초부터 날 작정하고 속였다는 듯 배신감까지 느낄 테니 말이다.

마침내 극적으로 찾았다고 생각했던 그 사람의 신비감은 애초부터 불합리 그 자체였다. 신비감이라는 단어 자체가 결국 나의 무지로부터 비롯되기 때문이다. 그래서 이 세상에서 내게 맞는 완벽한 사람을 찾겠다는 이상理想은 심해 어딘가에 난파된 보물섬을 찾겠다는 것처럼 헛된 꿈일지 모른다. 차라리 상대의 치명적인 매력에 끌려 황홀경에 빠졌음을 빨리 인지하고 더 이상 내가 만들어낸 허상의 그가 아닌, 그의 진정한 모습을 직시해야 한다. 물론 상대에 대한 끌림에 심취된 상태에서는 쉽지 않겠지만.

이러한 이유로 '사랑을 하되 쉽게 빠지지는 말아야 한다'는 것이다. 내 앞에 반짝이는 것이 귀중한 순금이 맞을 것 같더라도 직접 두드리고 깨물어보아야 한다. 그 반짝임에만 이끌린 대가는 매번 쉽고 짧은 교제로 끝나며, 더욱 새로운 강렬함만 을 추종하느라 사랑의 지속을 막는 결정적인 이유가 되기 때 문이다.

끌림과 편안함

사랑은 나의 세계와 타인의 세계가 충돌해 하나의 신세계를 형성하는 기적과도 같다. 모든 사람들에게 거부했던 비밀의 공간을 서로 공유하고, 단 한 번도 말해보지 않은 과거를 털어놓으며, 모든 순간에 문학적인 의미와 가치를 부여하도록 만든다. 다만 로미오와 줄리엣처럼 첫눈에 반해 불꽃같은 사랑을 해야만 아름답다 생각하는 것은 사랑에 대한 가장 큰 오해와 잘못이다. 이런 '끌림'이 생기는 이유는 여러 가지겠지만 분명한 것은 '타자라는 미지의 세계'와의 접선에서 생긴다는 점이다.

예컨대 남한과 북한 사이의 비무장지대처럼 단 한 번도 가보지 못한 장소는 무언가 특별함이 있을 것 같다는 상상과 기대, 한번쯤 가보고 싶다는 충동을 유발한다. 보이지도 않고 만질 수도 없는 것에 대해 인간은 본능적으로 무한한 상상을 하게 된다. 새로운 사람과의 만남에서도 나라는 주체는 상대에 대한 기대들로 실제가 아닌 나만의 환상을 만들어낸다. 그러나 이런 환상을 절대 사랑이라고 할 수 없다(보통 우리는 당연히 사랑이라 착각해서 문제가 된다). 아쉽게도 그 허상은 강렬한 끌림이라는 화려한 불꽃을 잠깐 피웠다가 끝내 아쉬움이라는 한 줌의 재와 함께 불편함이라는 분진만 남긴다.

우리가 누군가를 만나면 설레고 좋지만 이상하게도 이해할 수 없는 불편한 마음을 느끼는 이유는 단 한 가지로 말할 수 있다. 바로 '확신'이 없어서다. 누군가는 이런 불편함을 역이용해 '밀당'이라는 단기적인 전략 수단을 통해 상대에게 애매함을 주고 관심을 끌려 노력하기도 하지만, 사실 '호감'이라는 확실한 감정 앞에서 애매함은 절대 어울리지 않는다. 나와 상대의 신뢰를 결정하는 개방성의 확인이 되는 확신 없이는 절대 '편안함'이라는 서로 통합되는 사랑의 감정을 만들 수 없다.

특히 여성이 남성에게 느끼는 편안함이란 상대적으로 큰 포만감을 가진다. 외적인 면에 쉽게 이끌리는 남성의 확신과는 달리, 상대의 말투, 행동, 생각까지 다양한 관점으로 파악하고자 하는 여성들에게 검증된 편안함이 주는 확신보다 높은 가치는 없기 때문이다.

한 남성이 앞에 있는 여성에게 보다 적극적인 확신을 기대하며 말했다.

"언제까지 남자가 먼저 고백해야 하는가? 한국 여성들은 USA 마인드가 필요하다."

얼마나 많은 남성들이 이런 조급한 생각 때문에 상대의 마음을 잃었는지 모른다. 사실 고백은 누가 먼저 하는지가 중요한 것이 아니라 얼마나 솔직히 내 마음을 잘 전달할지만 고민하면 된다. 요즘 여성들은 조선시대처럼 남성의 고백을 마냥 기다릴 만큼 고리타분하지 않다. 다만 남성보다 편안함이라는 확신까지 다가가는 데 보다 신중하기 때문에 상대적으로 판단이 늦을 뿐이다. 이런 이유로 미국 여성도 누군가를 알기 위한 데이트 신청은 적극적으로 한다 해도 사귀자는 고백만큼은 상대적으로 신중할 것이다.

쌀이 밥이 되는 과정에는 '뜸'이라는 과정이 반드시 필요하다. 대부분의 여성들은 충분히 숙고하며 기다리는 반면 대부분의 남성들은 '즉석밥' 같은 속도를 원하는 경향이 있다. 누구는 진화론적으로 과거부터 남성은 그렇게라도 먼저 다가가지 않으면 경쟁자에게 여성을 빼앗겼기 때문에 상대에게 끌리면 우선 행동부터 해야 했던 터라, 그 DNA가 아직도 남았다고 말하기도 한다. 그러나 지금은 여성의 마음을 얻으려면 남성끼리 가진 힘을 겨루는 데 치중하는 동물적 접근보다 한 인간의 마음을 열기 위해 서로 알아가는 신중한 접근이 필요하다. 여기서 말하는 신중한 접근은 상대가 '좋은 사람'이라는 확신의 관문까지 이르는 거리가 서로 다를 수 있다고 인정하는 태도와 같다.

물론 나이가 어리고 연애경험이 적을수록 '끌림'에 현혹되는 것은 당연하다. 미지의 세계에 대한 탐사 경험이 부족해 누구보다 기대가 강하고 상상이 뜨겁기 때문이다. 그러나 주변에서 많은 연애경험을 가진 사람들조차도 매번 끌림에 의존하다가 착각에 빠져 상처를 입는 경우를 많이 본다. 바로 그 강렬했던 끌림이 결국 서로를 빠르게 헤어지게 만드는 이유가 된다는 것을 매번 간과하기 때문이다.

치명적인 끌림과 편안함은 공존할 수 없지만, 편안하기에 끌리는 존재는 분명 있다. 즉 언제나 도처에 새로운 끌림이 존재하지만, 중요한 건 그런 끌림을 극복하고 서로의 믿음과 확신을 통해 편안함이라는 통합된 마음을 가질 수 있는 커플만이 오직 둘만의 세계에 집중할 수 있으며 사랑이라는 무대 위 주인공이 될 수 있다는 사실이다.

성적 매력 그리고 사랑

1994년, 진화심리학의 최고 권위자인 미국 텍사스 대학교 데이비드 버스David M. Buss 교수는 약 5년간 6대륙의 각 문화권에 속한 1만여 명의 남녀를 대상으로 심리를 연구했다. 저서 《욕망의 진화The evolution of desire: Strategies of human mating》에 따르면, 우리가 누군가에 서로 끌리며 사랑을 하는 까닭은 바로 유전자를 남기기 위한 짝짓기에 있으며 일종의 화학작용 때문이다.

이와 같은 생각은 인류학 교수인 헬렌 피셔Helen Fisher와 궤를 같이한다. 그는 《왜 우리는 사랑에 빠지는가Why we love》에서 이렇게 말했다. "낭만적인 사랑은 원래부터 짝짓기와 생식작용을 지휘하도록 되어 있는 세 개의 뇌 회로 가운데 하나로부터 비롯되는 것이라고 나는 믿는다."

물론 보편적 인간 본성은 짝짓기라는 피할 수 없는 욕망을 품고 살고 그것이 사랑에 빠지는 결정적인 시발점이 되지만,

이 주장에 전적으로 동조하기에는 거리에서 팔짱을 끼고 다니는 커플들과 유모차를 미는 부부들의 모습이 너무 아름답지 않은가.

만약 '사랑=성적 매력'이라는 명제가 성립한다면 우선 우리의 모든 이끌림은 성적 끌림에서 시작된다는 것을 인정해야만 한다. 그러나 사랑하는 사람의 성적인 매력이 없어지거나 그런 매력을 못 느끼게 되는 순간 사랑도 존립하지 않는다는 말도 당연히 수긍할 수 있을까.

원작소설에 이어 영화로도 큰 인기를 얻은 〈미 비포 유〉를 가지고 잠시 이야기해보겠다. 영화 〈미 비포 유〉에는 교통사고로 사지를 쓸 수 없는 남자주인공 윌이 등장한다. 예전 그의 모습은 성적인 매력이 물씬할 만큼 완벽했다. 그러나 현재는 자신의 손가락 하나도 마음대로 쓸 수 없는 무기력하고 정서적으로 예민해진 환자일 뿐이다. 그런 그에게 우연히 간병인으로 여자주인공 루이자가 찾아온다. 비록 처음에는 돈을 벌기 위해 일을 시작하지만 나중에는 그의 인간적인 매력을 온몸으로 느끼고 윌을 사랑한다. 그렇다면 루이자는 과연 성적 매력이 하나도 존재하지 않는 불구가 된 윌에게 어떻게 사랑에 빠졌을까?

바로 '진심'이다.

윌은 꿈속에서 자유롭게 스키를 타다가도 눈을 뜬 현실에서는 사지마비로 움직일 수 없는 끔찍한 신체적 한계를 절감하며 삶을 깔끔하게 포기하려 했다. 그러나 시골에서 온 수다쟁이 루이자는 그가 존엄사를 택하는 그 순간까지 그의 삶을 동정이 아닌 사랑으로 대한다. 월은 자신을 작게 만드는 타인의 동정 어린 시선에 대한 거부감 그리고 온전했던 과거의 기억만 간직한 채 그 누구도 다가오지 못하도록 높고 두꺼운 벽을 계속 쌓지만, "내 곁에서 그냥 살아주면 안 되나요. 내가 당신을 행복하게 해줄게요"라는 루이자의 진심을 담은 고백이 그 벽을 무너뜨린다. 진심이라는 파도가 상대에게 닿는 순간은 강한 전율을 동반한다. 그렇게 둘은 죽음 앞에서 나약한 인간이 아니라 지금 이 순간을 피할 수 없다면 죽는 그날까지 두렵지 않을 뜨거운 사랑을 하겠다는 능동적 존재임을 증명해나간다.

우리는 분명 이 영화가 허구임을 알면서도 가슴속 뜨거움을 오래 느끼는데, 그 이유는 바로 사랑 앞에서 인간은 그 어느 때보다 대범하고, 두려워하지 않으며, 절대 안주하지 않는다는 것을 절실히 느꼈기 때문이다.

물론 성적인 매력도가 0인 사람을 만나서 사랑을 만들어가는 영화나 소설 같은 사랑이야말로 성숙한 사랑이라고 규정하고 싶은 마음은 추호도 없다. 다만 성적인 매력이 그 사람을 사랑하는 데 미친 영향력이 크면 클수록 그 어떤 가치보다 가장 빠르게 소멸된다는 사실을 말하고 싶을 뿐이다. 그것은 갓 난아이와 다를 바 없는 사랑이기 때문이다. 아기는 배고픔을 해소하기 위해 온 힘을 다해 울지만, 정작 원하는 것은 식욕을 채울 젖이라는 수단일 뿐 꼭 자신을 낳은 엄마의 젖은 아니어 도 상관없는 것처럼 말이다.

다시 말하면 타인의 성적인 매력에 집착한다는 것은 욕정 을 사랑이라는 단어로 포장하는 것과 같다. 상대가 가진 90% 의 성적인 매력에 이끌린 사람은 언제든 100%를 만나면 다시 흔들릴 수 있으며, 또 처음 강렬했던 상대의 성적 매력이 줄어 들면 언제라도 쉽게 떠날 수 있는 것이다.

전 재산과 맞바꾼 하룻밤

찬란한 햇빛이 호텔 방 전체를 공개하듯 밝힌다. 모든 속박을 벗어던지고 전라의 아름다운 모습으로 달콤한 잠에 취한 한 여인이 침대에 누워 있다. 그리고 창가 쪽에서 그 여인을 바라보며 작은 아름다움까지도 눈에 담아보려 하는 초췌한 모습의 한 남자. 그의 두 눈에는 깊은 불안과 허무 그리고 갈망이 공존한다. 도대체 이 둘 사이에는 어떤 사연이 있을까?

"나의 전 재산을 탕진할 만큼 마리온은 아름다웠다."

시골에서 출세하기 위해 파리로 상경한 청년 롤라는 마리온을 보고 한눈에 사랑에 빠진다. 그러나 정숙하다 믿었던 그녀가 상류층에 몸을 파는 고급 창녀임을 뒤늦게 알게 된다.

결국 롤라는 전 재산을 그녀와의 하룻밤에 모두 탕진하고 삶의 마지막 날 아침 탐미의 끝을 바라보게 된 것이다. 그는 자신이 믿은 사랑의 이름으로 한 여인을 위해 자신의 모든 것을 바친 뒤 더 이상 줄 수 있는 것이 없음을 깨닫는다. 그녀를 절실히 갖고 싶었지만 끝내 가질 수 없는 실패한 삶이라 결론 내린 롤라는 스스로 파멸하기로 결정하고 결국 마리온의 팔에 안겨 독약을 먹고 자살한다.

프랑스 화가 앙리 제르벡스Henri Gervex가 남긴 이 유화 작품은 프랑스 낭만주의 작가인 알프레드 드 뮈세Alfred de Musset의 시 〈롤라Rolla〉의 가장 극적인 내용을 모티브로 삼았다고 한다. 당시 26세였던 제르벡스는 불경하다는 이유로 전시를 거절당했지만, 엄청난 파문으로 인파가 몰려 그림은 하루아침에 유명해졌다.

자신의 삶까지 태울 만한 매력을 가진 여인을 만난 한 사내의 비극적인 최후는 이 그림 속 남자주인공 롤라만의 사랑 이야기는 아닐 것이다. 화가는 이 유명한 그림을 남겼지만 왜 하필 이 장면이었는지에 대한 설명은 아쉽게도 없다. 사랑에 빠진 롤라의 간절함이 불길을 향해 무모하게 뛰어드는 불나방 같아 보였는지, 아니면 사랑에는 우리가 생각하는 것보다 더욱 많은 이유가 존재한다는 걸 각인시키려 한 것인지도 모른다. 자신의 사랑법을 무조건 옳다고 고수하다가는 언제든 이런 참극이 벌어질 수 있음을 경고하려 한 것인지, 아니면 사랑은 언제나 고결할 거라고 믿는 우리의 모든 기대를 무너뜨리고 싶었는지도 모른다.

분명한 건 자신의 모든 것을 주고서라도 뜨거운 사랑을 원하던 청년과 오직 돈만을 원하던 창녀 사이에는 사랑 없는 육체의 향연과 돈이라는 신이 존재했다는 것이다. 그리고 돈이라는 신은 무엇이든 원하는 것을 교환할 수 있는 자본주의 세계에서 사랑보다 높은 가치를 만들었다. 서로가 원하는 것을 교환한 결과 그의 만족은 돈으로 산 그녀의 하루라는 시간밖에 지속되지 않았다. 한 청년이 그토록 바란 것은 영혼이 깃든 사랑이었겠지만, 스스로 사랑을 정신과 육체로 분리하고 돈으로 살 수 있던 그녀의 '몸'이라는 껍데기만 취한 것이다. 그러나 어쩌겠나. 아무리 스스로는 최선을 다해 진정성을 구한다 해도 사랑하는 상대의 눈 안에서 나의 행복한 모습을 들여다볼 수 없는 사랑은 참사랑이 아닐진대.

한 청년의 죽음을 두고 단순히 젊은 목숨을 잃어 안타까운 것이 아니다. 돈으로라도 상대의 사랑을 갈망했던 그의 어리석음과 간절함을 같은 인간으로서 충분히 이해할 수 있기 때문이다. 그만큼 누군가와 함께하고 싶다는 끌림은 인간에게 무엇보다 치명적이고, 어떻게든 채우고픈 욕정이 사랑만큼 강력하다는 것을 알기 때문이다. 그 끝에는 언제나 텅 빈 '공허'만이 남아 있다.

2부

사랑을 하기 위한 준비.

외로움이라는 파도가 있다. 밀려오는 파도에 내 몸을 실어 서핑을 하는 데 성공하면 '고독을 즐긴다'고 하며, 파도에 휩쓸리면 '고립'이라고 한다. 파고가 매순간 다르듯이 외로움의 깊이도 모두가 다르지만 분명한 건 그 외로움이라는 파도는 평생 쉼 없이 철썩거리며 밀려온다는 사실이다. 그리고 인간은 능동적으로 숨 쉬는 법을 소홀히 한 순간 겨우 무릎까지 오는 외로움에도 쉽게 잠겨버릴 만큼 불안정한 존재다.

사실 외로움은 인간이 얼마나 나약한가를 솔직하게 고백하는 감정이기도 하다. 그러나 너무 비관적으로 바라볼 필요는 없다. 만약 인간이 완벽했다면 사랑이란 결코 필요하지 않았을 것이다. 불안정과 부족함이 존재하기에 채워줄 사랑의 당위성이 가능하게 되었고, 또 유일하게 사랑만이 서로의 결핍을 메우고 인간을 아름답게 만드는 이유가 되었다.

2부에서는 사랑을 하는 데 필요한 스스로의 마음가짐을 점검해볼 것이다. 평소 잠들어 있던 나의 다양한 모습들이 사랑을 함으로써 드러날 때, 그 이질적인 태도들은 어느 날 갑자기 발현된 것이 아니다. 스스로 규정한 행복의 정의와 심리적 결핍의 농도 그리고 자존감과 타인에 대한 인정욕구 등 사랑을 지속시키기도 방해하기도 하는 요인들을 살펴봄으로써 조금 더 진지하게 사랑을 고찰해보자.

외로움의 극복 또는 망각

'외로움', '외로운'을 뜻하는 영단어 'loneliness'나 'lonely'
는 1674년 영국의 박물학자 존 레이John Ray가 정리한 '흔히 쓰
이지 않는 용어'에 나올 정도로 당시까지 생소한 단어였다. 그
리고 그 뜻은 "이웃에서 멀리 떨어진 곳, 혹은 멀리 떨어져 사
는 사람"으로 쓰였다. 그러나 외로움의 의미는 시대가 바뀌면
서 점차 물리적 거리가 아닌 심리적 거리로 바뀌었다. 예전에
는 누군가와 가까이만 지낼 수 있다면 언제든 외로움이 극복
될 수 있다고 믿었지만, 이제는 주위에 아무리 많은 사람이 있
어도 다들 각자의 방 안에 갇혀 살고 있는 것이다.

그런 의미에서 혼자에 익숙해진다는 건 혼자 있어도 외롭
지 않다는 뜻이 아니다. 사실 외롭다는 건 나 혼자라는 걸 느
꼈을 때의 소외감 혹은 공허함일 테니 말이다. 옆에 누군가 있

다면 공허함이 잠시 덜해질 뿐 영원히 떨쳐버릴 수 없는 지독한 감정이 바로 외로움이다. 외로움은 마치 우리의 그림자와 같아서 해가 떠도 달이 떠도 내가 존재하는 한 평생을 함께한다. 그래서 이 그림자를 극복하는 유일한 방법은 '내가 아닌 나'의 상태가 되는 것이다.

마치 우리가 의도적으로 고개 숙여 땅을 응시하지 않는 한 평소 자신의 그림자와 절대 마주하지 않듯이, 그림자를 볼 겨를 없이 무언가에 몰입한 상태가 필요하다. 좋아하는 어떤 행위에 몰입할 수도 있고, 집중하고픈 대상에 몰입할 수도 있다. 이렇게 무언가에 흠뻑 빠져 심취해 있는 무아지경의 상태에 우리는 잠시나마 외로움의 존재를 망각한다. 보통 이렇듯 무아지경으로 상대에게 몰입해 있는 상태를 우리는 '사랑에 빠졌다'고 말한다.

하지만 안타깝게도 인간의 몰입은 영원할 수 없으나 인간의 외로움은 무한하다. 사랑은 놀라운 집중력으로 외로움을 일시적으로 잊게 만들 뿐이다. 만약 누군가 자신의 이 지독한 외로움을 없애줄 방법으로 사랑을 선택했다면 마치 본인의 그림자를 없애기 위해 태양과 달을 평생 가리겠단 말과 다름없다. 사랑은 치료제가 아닌 진통제 같은 일시적 처방일 뿐이다. 그것을 인정하지 못하는 사람들은 자신을 절대 홀로 두지 않는다. 만남 후 헤어짐의 반복 속에서 이별의 아픔을 느끼기도 전에 어떻게든 새로운 파트너로 자신의 곁을 채워놓는다. 잠시라도 외로움을 견디지 못하고 어떻게든 '혼자'라는 공백의 순간을 거부하는 것이다. 그러나 진통제도 자주 맞으면 내성이 생기듯 몰입이라는 에너지도 점점 빨리 소진되기 마련이다. 점점 새로운 자극도 소용없게 되고 어느 날 자신보다 월등히 커버린 외로움의 그림자와 직면하면 이미 나약해진 두 다리로는 털썩 주저앉을 수밖에 없다.

그래서 우리 모두에게 사랑하기 전 가장 중요한 준비는 '내가 얼마나 외로움을 잘 극복하는 사람인가?'라는 질문에 먼저 답해보는 것이다. 외로움이라는 놈은 시도 때도 없이 찾아오는 식욕과 같아서 스스로 길들이지 못하면 무작정 사랑을 갈망하게 된다. 마치 우리가 식욕에 반응해 폭식을 하면 할수록 위와 장이 비대해져 잠시라도 배고픔을 견디지 못하고, 끊임없이 음식에 대한 갈망을 놓지 못하듯이 말이다.

그리고 외로움을 길들이는 조련 방법은 사실 당신이라는 조련사만이 찾아낼 수 있다. 각자가 가지는 외로움의 형태는 비슷하지만 서로 성질이 다르기 때문이다.

그런 의미에서 만약 누군가가 외로움을 피할 수 있는 가장 빠른 방법을 내게 물어본다면 "운동이 도움이 됩니다" "취미를 만드세요" "여행을 다니세요"라는 다양한 해법을 소개하기보다 외로움을 두려워하지 않고 직시해 고독을 즐기도록 승화시켜야 한다고 말하고 싶다.

거대한 파도에 온몸으로 부딪치겠다는 어리석은 생각보다 파도를 이용하고 즐겨야만 한다. 우리가 수영 또는 서핑을 하기 위해서는 무엇보다 먼저 물을 두려워하지 않아야 하는 것처럼 외로움을 두려워하고 피하지 않는 것부터 시작해야만 한다. 그것이 가능할 때 우리는 스스로에 대해 깊이 깨닫는 시간, 홀로서기를 체험할 수 있다. 고독의 본질은 나라는 주체적 뿌리를 스스로 내리려는 부단한 노력이며, 사실 고독한 순간만큼 나의 진정한 자아를 발견하는 때도 없다. 그래서 건전한 고독을 경험한 사람은 전보다 다른 사람들과의 관계를 탁월하게 조율하기도 한다. 나를 이해하고 들여다보는 노력을 한 사람은 타인을 이해할 준비도 되어 있게 마련이니까.

우리는 무언가를 주입하고 축적하며 누군가를 만나는 데 평생을 소비한다. 반대로 그 모든 것을 멈출 때 자발적으로 고독이라는 방으로 담담히 걸어 들어갈 수 있다. 그리고 그 방 안에 앉아 외로움, 불안, 슬픔 같은 각종 소란들과 멀어지고 컴퓨터를 리부팅하듯 내가 만든 세계의 흔적을 비워버림으로써 마침내 새로운 세계를 받아들일 수 있게 되는 것이다.

행복의 의미

인간은 평생 먹고사는 생존의 늪에서 벗어날 수 없다. 예전보다 윤택해진 건 사실이지만, 이 늪에서 발이 조금 가벼워졌다고 해서 과연 행복해졌을까? 대체 행복은 무엇을 말하는 것일까?

누군가는 행복 자체가 온전히 성취라고 말한다. 즉 행복이란 그 사람이 원하는 한 가지가 충족되었음을 뜻한다는 것이다. 행복을 뜻하는 영어단어 'happiness'의 어원을 따라가다보면 '발생하다'라는 뜻인 'happen'에서 시작되었음을 알 수 있다. 만약 우리가 무언가를 얻는 '성취'를 삶의 긍정적인 지표로 생각한다면 이 또한 주관적인 행복의 정의가 될 수 있을 것이다. 다만 개인적으로 'happen'이라는 단어에서 중요한 것은 행위의 결과가 아닌 겪은 그 주체라고 생각한다. 아무리 좋은 결과라도 나의 기대를 충족시키지 못하는 때가 있고, 오히려 바라지 않았던 상황이 나에게 더 큰 만족을 안겨줄 때가 종종 있어왔으니 말이다. 그래서 무엇보다 가치 있는 행복이 완성되려면 '나'라는 행위자의 긍정적인 반응이 발생해야만 한다.

단순히 말해 '성취'는 하나의 목적한 바를 이뤄 소유하게 된 것과 같은데, 성취한 목표의 가치는 언제든 소멸될 수 있다. 그토록 바라던 토익 900점의 기쁨도 2년이라는 기간만 유효하고, 매일 밤 잠 못 이루게 만들었던 그녀와 드디어 사귀게 되었다고 해도 900일이 지나면 뇌는 논리적 사고로 전환한다. 반면 토익점수를 만들기 위해 암기했던 단어들과 영어가 조금씩 들리던 순간의 희열은 2년이 흘러서도 여전히 건재하고, 900일이라는 시간 동안 그녀와 축적한 행복한 경험들은 앞으로 예정된 고된 삶이라는 여정을 힘내어 나아가게 만든다. 이처럼 행복은 어떤 결과 자체가 아닌 이뤄가는 과정에 있는지도 모른다. 높은 점수 자체가 아닌 점수를 만들어가는 과정, 만남만이 아닌 이별까지의 모든 과정 속에서, 꼭 내가 원하는 결과로 이어지지 않았더라도 그 행위를 하는 동안에 특별한 각성을 느끼고 영원히 나와 함께 호흡하는 행복을 체현했던 것이다.

행복은 단순히 음식을 먹고 소화시키는 소비가 아니라, 음식을 먹으면서 느끼는 시각, 청각, 후각, 촉각, 미각 오감의 경험과도 같다. 음식을 함께 먹으며 즐거워하고 공감하고 그 순간을 감정적 포만감으로 채운 복합적인 경험이다. 그렇기 때문에 무엇을 먹었는지보다 누구와 먹었는지가 더 중요하며, 살면서 몇 끼의 식사를 했는지보다 얼마나 자주 이런 즐거움의 영속성을 가졌는가가 행복한 삶을 결정한다.

모든 행복에는 무엇보다 경험이라는 사진들이 필요하다. 삶의 마지막 순간에 꺼내들 행복이라는 앨범에는 얼마나 커다란 사진을 꽂았는지보다 얼마나 많은 페이지를 충실하게 채웠는지가 중요할 테니 말이다. 바라던 결과보다 이루어가는 과정이, 과정을 여는 결단력 있는 시작이 행복을 만들어가는 데 중요하다. 자유롭게 현재를 의식하면서 즐거운 경험에 오롯이 집중해 그 느낌을 천천히 깊게 들이마시는 것, 남의 시선을 의식하지 않고 나에게 소중한 가치에 집중하며, 단순함에서도 만족할 줄 알고 긍정을 자각하는 여유, 그것이 진정한 행복이 아닐까.

치명적인 독, 결핍

한국인의 삶에 대한 만족도는 통계수치를 굳이 나열하지 않아도 매우 낮다는 것이 이미 잘 알려져 있다. 삶에 대한 불만족 요인들은 주관적이고 복합적이기 때문에 모두 열거할 수 없지만 그중에서도 뜨거운 '경쟁'의 부작용을 말하고자 한다.

경쟁의 세계에서는 언제나 승자가 원하는 모든 것을 독식하는 유리한 입장을 차지한다. 전쟁에서는 땅과 자원을, 시장경제에서는 높은 매출과 수익을, 올림픽에서는 금메달이라는 명예를 얻는다. 경쟁은 상대보다 빠르고 강해지도록 나를 다그치는 채찍질이 되어왔으며 이런 자발적 동력은 한국이라는 나라가 세계에서 유례없는 경제성장을 달성하는 발판이 되어왔다. 그러나 능력을 최우선으로 하는 이런 능력주의는 태어나서부터 내내 쉬지 못하고 달려야 하는 운명을, 오직 1등만 인정받는 사회를, 어렵게 1등을 차지했어도 안주할 수 없는 서

바이벌 경기장을 만들었다.

　모든 경쟁은 상대와의 비교를 통해 나를 끊임없이 평가하는 숨 막히는 과정의 연속이며, 비교는 내가 가진 것보다 없는 것을 우선 바라보게 한다. 눈가리개를 한 경주마처럼 앞서 달리는 경주마의 뒷모습만 쳐다보며 달리게 만드는 것이다. 이런 경쟁의 부작용은 개인이 행복이란 무엇인지 사유하는 여유조차 허용하지 않고 오직 지금 당장 원하는 것만 채워가도록 몰아가 끝내 집착하게 한다. 행복 또한 경쟁자를 이겨야 얻을 수 있다고 여기고, 절대 채울 수 없는 소유라는 갈망에 목말라하며 갖지 못한 불안의 늪에 잠겨버리는 '결핍'의 시대가 도래한 것이다.

　"부유한 가운데 결핍을 느낀다는 것은, 우리의 고통 중에 가장 혹독한 것이다"라고 한 괴테Johann Wolfgang von Goethe의 말처럼 슬프게도 인간이 가진 욕망이란 신기루와 같다. 언제든 원하는 것으로 교환함으로써 만족할 수 있다고 믿지만 절대 만족할 수 없다. 그러므로 원하던 것을 소유함으로써 느끼는 만족은 순간이고, 욕구가 충족되었을 때의 기쁨이라는 자극도 금세 잊히며, 조금만 더 노력하면 닿을 것 같은 욕망은 점점 뒤로 물러난다. 내게 없는 것을 갖고자 하는 '소유욕구', 이것이 모든 결핍을 만드는 첫 번째 괴물이다.

　결핍은 절대 제거할 수 없는 불멸성을 가진다. 그래서 행복의 정의만큼 중요한 건 행복을 대하는 마음이다. 쿠폰 열 개를 모으겠다는 목표를 대하는 시각은 두 가지가 존재한다. 누군가는 한 개 한 개 늘려가는 과정에서 행복의 충족감을 느끼는 반면, 다른 누군가는 열 개의 쿠폰을 다 모아야만 행복을 느낄 것이다. 후자의 경우 그가 얻는 한 개의 쿠폰은 단지 열 개를 모아 보상을 얻기 위한 수단이 될 뿐이다. 이는 오직 최종 목표 쟁취만이 행복이라고 믿는 목표지향적인 태도로, 자신의 발 앞에 있는 꽃의 아름다움을 경시한 채 저 멀리 높이 떠 있는 무지개만 아름답다고 고집부리는 것과 다르지 않다. 그렇게 자신이 지금까지 모은 쿠폰은 잊어버리고 앞으로 채워야 할 빈칸들만 바라보며 항상 자신의 삶은 부족하다 여기며 불행해한다. 바로 '과욕', 이것이 두 번째 괴물이다.

이따금 모두가 부러워하는 로또 당첨자들이 큰 행운에도 불구하고 당첨 전보다 더욱 불행해졌다는 안타까운 기사들을 접하게 된다. 어쩌면 우리의 행복은 커다란 기대에 부응하는 한 방에 있는 건 결코 아닐지도 모른다.

과거의 행복은 추억이 되고, 미래의 행복은 희망이 되듯이 우리가 행복을 느낄 수 있는 유일한 순간은 바로 지금뿐이다. 지금 이 순간이 멈추길 바랄 만큼 '작지만 확실한 행복'에 집중하게 될 때 비로소 가진 것들에 대한 고마움으로 갖지 못한 불편함, 즉 결핍을 극복하게 된다. 이런 감사의 경험들은 아름다운 흔적들이 되어 영원히 사라지지 않는다.

행복을 지속시키는 공감능력과 관계성

아이가 노란 나비 한 마리가 춤추는 모습을 보고 까르르 웃는다. 그 모습을 바라보는 부모도 미소로 화답하며 두 눈과 사진으로 담아내기 바쁘다. 사실 우리는 아이가 왜 그 나비를 보고 기뻐하는지는 알 수 없다. 허나 아이를 바라보며 부모가 왜 기뻐하는지는 이해할 수 있다.

우리 인간이 가진 특별한 능력인 '공감'은 동물들이 느끼는 공포나 기쁨 같은 본능적인 감정의 발현이 아니다. 동물의 교감과 달리, 인간은 타인을 바라보며 그가 느낀 감정과 생각을 유추하고 인지하려는 보다 고차원적인 감정 공유가 가능하기 때문이다. 우리는 이런 공감능력을 통해 타인의 고통뿐만 아니라 행복도 읽어볼 수 있고 이때 느낀 감정은 자신의 행복에까지 강한 영향을 미치게 된다. 그래서 당신이 느끼는 행복감의 근원을 찾아가다보면 행복에너지를 자주 발생시키는 '상대와의 긍정적인 관계'가 존재할 것이다. 이것이 바로 당신의 행복에 밀접하게 영향을 끼치는 관계성이다.

평소 긍정적이고 웃음이 많은 사람 주위로 사람이 몰리는 이유는 그가 바로 저 노란 나비를 바라보고 웃는 아이와 같기 때문이다. 그 아이를 바라보며 행복해하는 부모처럼, 한 사람의 행복은 연결되고 확장되며 집단의 행복을 응집시킨다.

나와 타인을 끊임없이 비교하고 경쟁해야 하는 각박한 사회지만, 우리는 타인 덕분에 행복을 얻기도 한다. 그런 이유로 나를 조금이라도 행복하게 해줄 대상을 찾기도 하고 오랜 기간 기다려보기도 한다. 그래서 그 어느 때보다 많은 사람들이 나만 사랑해주는 반려동물 친구와 함께 살고 있는 게 아닐까. 그러나 타자를 통해 행복을 찾으려는 것은 분명 한계가 있다. 반려견이 나를 때때로 웃게 만들어줄지는 모르지만, 앞에서도 언급했듯 행복은 온전히 주체의 자각을 통한 능동적인 반응이기 때문이다.

우리는 태어날 때 평생 먹을 수 있는 과자상자를 받았다. 그 안에는 행복, 불행, 슬픔, 즐거움, 질투, 놀라움 등 다양한 종류의 과자가 있지만 꺼내보기 전에는 그 정체를 알 수 없다. 어릴 적 우리는 겁 없이 오직 행복을 찾아 용기 있게 과자를 꺼냈다. 그러나 어른이 된 후는 어떠한가. 혹여 내가 원치 않은 것을 집을까봐 걱정하며 차마 손을 넣지 못하고 점점 주저하게 된다. 그렇게 행복에 집중하기보다 고민을 쌓으며 살아간다. 그러나 타인이 꺼낸 행복을 보고 함께 웃어줄 순 있지만, 나의 손이 아닌 다른 사람의 손을 빌려 행복이라는 안녕감을 얻을 순 없다. 오직 나만의 과자상자이며, 내가 느끼는 행복이기 때문이다. 그렇기 때문에 비록 겉보기에는 빽빽한 건빵들만 가득해 보이더라도, 우리는 거침없던 어린 시절처럼 달콤한 별사탕이 있으리라는 믿음을 포기해서는 안 된다. 별사탕은 늘 바닥에 가라앉아 쉽게 보이지 않고 매번 속을 휘저어야만 발견할 수 있었다.

이렇게 누구보다 주체적으로 용기 있게 행복을 찾아가는 사람들은 그 과정에서 얻은 소소한 성취들만으로도 행복이라는 자기장을 주변으로 발산한다. 이런 행복감의 지속은 타인과의 관계에서 얼마나 큰 울림으로 공명할 수 있는가에 달려 있다.

왜 서두에 공감능력을 먼저 소개했는지 눈치를 챘는가. 바로 공감능력이 현대인들이 가장 어려워하는 타인과의 관계성을 결정하기 때문이다. 평소에 자주 웃어본 적 없는 사람은 수십 장의 사진을 찍어도 어색한 미소만 지어내기 마련이다. 이처럼 스스로 행복할 줄 모르는 사람은 상대 또한 행복하게 할 수 없다. 그러므로 누군가의 행복을 진심으로 바랄 수 있는 사람이 되려면 나부터 양손에 따뜻한 행복을 담아봤어야 한다.

나의 아름다움

'아름답다', 주로 어떤 대상의 미적 균형이나 높은 가치를 표현할 때 사용하지만, 이 말이 우리에게 얼마나 소중한 의미를 가진 가치 있는 단어인지 모르고 살아가고 있다.

석가모니의 일대기를 기술한 책 《석보상절釋譜詳節》에는 '아름답다'의 어원인 '아답다'라는 단어가 나온다. '아我'는 '나'를 뜻하니 '나답다'는 뜻이다. 또는 '알다'에서 파생되었다고도 하니 '나를 알아가는 것, 그럼으로써 나다워지는 것' 정도로 이해할 수 있다. 중요한 건 우리가 자주 쓰는 '아름답다'라는 단어가 어떤 타자나 대상이 아닌 '나 자신'을 뜻하는 단어에서 유래했다는 사실이다.

이쯤에서 묻고 싶은 것이 있다. 살아가면서 '아름답다'라는 말을 스스로에게 몇 번이나 해보았는가? 누구나 이 세상 유일한 독립된 존재로서 가치를 지닌다. 생각해보면 누구나 아름다운 것인데, 이 당연한 말조차 타인에게만 할 줄 알았지 정작 본인에게는 해준 경험이 없다. 아마도 이런 소중한 가치가 매번 타인의 인정과 평가에 매몰되어왔기 때문일 것이다.

정작 자신의 아름다움(나다움)을 벗어버리고 남들이 좋아하는 모습으로 살아가야만 하는 환경과 또 그것이 진짜라고 믿고 의존하는 가짜 '나'가 결합된 까닭이다. 스스로 채워야 할 자존감이 조금씩 고갈됨에 따라 마땅히 아름다워야 할 당신 고유의 빛도 점차 바래버린 것이다.

대한민국 군대라는 조직에서 '나'라는 개인은 존재하지만 부재한다. 훈련병 시절에는 몇 번 훈련병으로 불리고, 부대 내 어떤 보직과 역할을 맡은 수단이 되며, 60만 장병 속에 일개 병사 한 명일 뿐이다.

훈련병 때 나는 오직 간식거리를 더 쥐여준다는 이유만으로 종교활동을 선택했을 만큼 항상 배가 고팠다. 당시 교회에서 처음 듣고 열심히 부른 〈당신은 사랑받기 위해 태어난 사람〉이라는 CCM이 있었다. 기억해보면 타인의 인정과 사랑에 얼마나 굶주렸던지, 종교도 없던 내가 그 노래를 부를 때만큼은 온 힘을 다해 불렀다. 가사대로 모든 인간은 사랑을 받을 자격이 있지만, 군대라는 조직에서 나라는 사람은 지워진 채 철저한 규율준수와 선임에 대한 복종이 무엇보다 우선이었기 때문이었던 듯싶다.

군대라는 폐쇄적인 조직 내에서는 선임이 바라는 모습대로 튀지 않게 살아가야만 생존할 수 있었다. 그 어느 때보다 겸손해야만 했다. 아니 나의 이성을 분리하고 제거해야만 했다. 힘겨운 하루 일과를 마감하며 달력에 엑스를 치면서 이 힘든 마음을 위로받고 사랑받고 싶다는 수동적 애착이 깊어졌다. 나를 사랑하지 못하는 이 불편한 상태와 부조리를 모두 나의 나약함으로 치부하고, 이런 상황에서 상대의 고백을 듣고서는 '왜 나를?' 하는 의심에 빠져 정답 없는 질문만 반복했다. 나는 타인을 사랑할 수 있는 사람일까 의구심이 들었다. 그러던 어느 날 밤 일기를 쓰다가 깨달았다. '자존감이 고갈된 나라는 존재는 온전한 사랑을 불가능하게 한다'는 진실을 말이다. 결국 이런 심약한 상태의 사랑은 그저 괴로운 현실을 도망치고 픈 마음에 도피처를 찾은 것뿐이었다. 고작 소낙비를 피하고자 가까운 우산 품으로 달려 들어간 비겁함이었다.

스스로에게 '아름답다'라고 말할 수 있는 사람은 주체로서 당당히 나와 마주할 줄 아는 사람이다. 천천히 들여다보며 나를 알아가며, 사랑스러운 존재로 여기고, '나다움'이 무엇인지 묻고 답해본 성숙한 사람이다(지나친 자기애를 뜻하는 '나르시시즘'과는 다른 접근이다). 이 나다움은 내가 태어남으로써 부여되는 존재의 가치가 아닌 스스로 평생 동안 만들어가야 하는 '나'

라는 참모습을 뜻한다. 그래서 나는 〈당신은 사랑받기 위해 태어난 사람〉이라는 노래를 더 이상 부르지 않는다. 사랑을 줄 때의 능동성이 더욱 큰 가치임을 마침내 깨달았기 때문이다.

결국 '아름답다'란 대상을 바라보고 인식한 사람의 의지이자 평가일 뿐이다. 누군가 나를 아름답지 않다고 말한다고 해도 내가 가진 아름다운 가치는 조금도 사라지지 않는다. 또한 누군가 나를 아름답다고 평가해주고 사랑해주기를 피동적으로 기다리기보다는 내가 주체가 되어 누군가를 사랑하는 것이 더 아름다움의 본질에 가까울 것이다.

인정이라는 끝없는 갈증

인간의 인정욕구는 마치 카페인이 듬뿍 담긴 커피와 같은 것. 마실수록 오히려 갈증이 심해진다. 타인의 인정을 채우려는 욕구를 위해 모든 목표가 집중되고, 항상 긴장하게 되며, 그목표를 달성하고자 기꺼이 자신의 시간, 정력 모두를 소모시킨다. 그리고 이런 인정욕구는 두 모습의 인간을 탄생시킨다.

우리는 어린 시절부터 타인에게 착한 아이라는 인정을 받으려 애써왔다. '착하다'는 단어에는 알게 모르게 '상냥하다'라는 인위적으로 만들어진 모습이 짙게 묻어 있다. 이처럼 타인의 말과 생각을 가감 없이 받아들이고 그들이 바라고 원하는 모습대로 행동하는 것을 심리학에서는 내사introjection라고말하며 통상적으로 내사적인 사람을 '착한 사람'이라고 평가한다. 착한 사람들은 보통 어려서부터 부모나 타인의 영향으로 내사 성향이 형성되며, 특히 부모에게 사랑과 인정을 받기 위해 눈치를 살피고 자신의 욕구나 감정을 억누르는 것에 탁월하다는 특징을 갖는다.

부모의 의중이야 오랫동안 함께 생활하면서 쉽게 헤아리고 적응하게 되지만, 성장기를 거치며 점차 사회적 관계가 복잡해지면 스스로의 한계를 느끼게 마련이다. 관계 범위가 넓어지면서 보다 빨리, 그리고 보다 많은 사람들의 인정을 받아야 하기 때문에 감정 소진이 예전보다 더욱 빨라진다. 그러다가 명백히 타인의 잘못임에도 바로 지적하지 못하고, 개인으로서는 통제 불가능한 상황에서도 최종적으로 모든 잘못을 스스로의 탓으로만 돌리곤 한다. 사춘기를 지나 성인이 되어서도 우울증을 겪는 등 점점 연약한 성향이 되어간다.

그들은 분명 자신보다 타인을 먼저 고려하고 행동하기에 주변 사람들이 좋아하는 착한 사람이다. 그러나 그 착함은 반쪽짜리 거울과 다를 바 없다. 무엇이든 비추는 거울이지만 정작 자신의 모습은 제대로 볼 수 없다.

즉 단어의 속뜻과 별개로, 우리가 흔히 쓰는 '착하다'라는 말은 남이 기대하는 모습대로 잘 따랐다는 독려인 셈이다. 이런 수동성이 축적되면 자발적으로 일어서려는 자존감까지 짓누르는 부작용을 일으킨다. 지금까지 받아온 칭찬과 격려라는 스위치가 없다면 더 이상 그 행위를 지속할 동기를 잃어버릴 것이다.

그래서 나는 '따뜻하다'라는 말을 좋아한다. 주체적이고 능동적인 사람은 무엇을 해야 하는지 언제 멈춰야 하는지 그 당위성이 항상 분명하고, 다른 사람을 대할 때도 정답고 포근하다. 이 따뜻함은 태양처럼 지속되고 온 주위에 봄 같은 희망을 전하는 강력한 힘이 있다.

사랑도 마찬가지다. 착한 사람의 사랑은 수동적 감정행위일 뿐이어서 햇빛을 반사하는 달과 같다. 반면 따뜻한 사람의 사랑은 능동적 활동이다. 스스로 온 힘을 다해 빛과 열을 발산하는 해와 같다. 이로운 걸 성장시키고 해로운 걸 녹여버리는 태양은 결코 무엇을 바라지 않는다. 홀연히 존재하며 오로지 상대를 밝힐 뿐이다.

혹시나 해서 덧붙여두는데, 이 글을 읽고 앞으로 나는 착한 사람이 되지 않겠다고 결심하는 이가 있다면, 기존에 충실하게 행하던 호의와 친절까지 당장 내팽개치는 극단의 선택은 하지 말기 바란다. 만약 그 호의와 친절이 누구보다 나에게 먼저 만족감을 준다면 일단 행위의 정당성이 있으니까.

나는 완벽한 사람

아이의 손에는 항상 인형이 있었다. 잠들 때조차도 품에 안고 놓지 않았다. 그러던 아이가 어느 날 갑자기 그 소중한 인형을 집어던졌다. 평소처럼 인형에게 옷을 입히려 하다가 잘 입혀지지 않자 홧김에 던져버린 것이다. 인형은 분명 어제와 다름없었지만 아이는 마음대로 되지 않은 모든 책임을 인형에게 전가해버렸다. 마치 그 옷을 입지 않겠다고 인형이 거부한 것마냥 말이다.

이처럼 어떤 문제의 근원을 자신이 아닌 타인이나 상황에 전가하고 자신은 보호하려는 성향을 투사projection라고 한다. '어린아이'에 비유할 수 있다. 한 인간의 인격 성장은 바로 책임을 대하는 개인의 태도에 있다고 판단할 때, 미숙하다는 의미다.

투사적 성향이 짙은 사람일수록 자신은 완벽하다고 믿고 본인만의 확고한 기준을 만들며 살아간다. 홀로 살 때는 이러한 기준들이 문제가 되지 않는다. 관계가 긴밀해지는 순간, 특히 연애를 본격적으로 시작할 때나 결혼이라는 공동생활을 할 때 비로소 문제가 발현된다. 우선 자신만의 기준을 타인에게 적용시키는 것으로 시작된다. 본인이 납득하기 어려울 경우 모든 갈등 원인을 타인에게 떠넘기고 자신의 룰을 강요하고 굴복시키다가 결국 저 인형처럼 던져버린다. 자신은 어떻게든 지켜나간다.

특히 남녀 사이에서 "너는 이 연애 방식을 반드시 수용해야 한다"라고 자신의 주장을 끝까지 고집하는 사람들이 있다. 사실 이런 방식을 규정해놓은 이유는 하나다. 자신의 '불안'을 최소화하고자 하는 스스로의 방어책이다. 특히 연인 간에는 '연락'이라는 소통창구를 최대한 활용해 상대를 통제하려 하기도 한다.

연인 간 연락은 서로 만날 수 없는 상황에서 공간적 거리감을 해소시키고, 서로 목소리나 텍스트로 의중과 이야기를 전하며, 때론 미세한 숨소리만으로도 심리적 안정을 준다. 반대로 서로 만날 수 없는 상태에서 보이지 않고 만질 수 없는 부재를 직시하는 순간은 불안한 상상을 증폭시키기 충분하다. 그렇기에 꾸준한 연락은 상대가 자신의 곁에 있다는 믿음에 대한 확인이다. 문제는 이 확인하고자 하는 심리가 지나친 간

섭으로 표출된다는 것이다. 상대의 부재에 대한 불안이 연락 하나에 집중되다보니 어떤 상황에서든 상대를 감시하는 수단으로 변질되어버린다. 그래서 커플 사이의 많은 갈등이 연락 빈도와 목적에 따라 조장되기도 한다. 일거수일투족 연락을 받으려 하는 사람은 "믿음이 부족한 것 같다"고 여겨지게 마련이고, 평소에도 먼저 연락하는 일이 드문 사람은 "소홀한 것 같다"고 오해받는다. 커플이 서로의 일상을 공유하는 것은 당연히 필요하나, 경험상 연락을 촘촘하게 한다고 해서 서로의 믿음도 공고해지는 건 절대 아니었다. 내 주변에는 탁월하게 연락을 잘하면서도 한눈을 파는 사람들이 있었다. 어차피 떠날 사람은 구속을 핑계 삼아 떠나기가 더욱 쉬워 보였다.

투사적인 사람들의 취약점은 누구보다 '불안'하다는 것이다. 그들이 유난히도 불안한 이유는 자신의 감정을 보호하는 데 뛰어나기 때문이다. 그들은 인내에 취약해서, 자신이 원하는 상황이 아니라면 두고 보지 못한다. 차라리 상대를 도려내는 게 더욱 효과적이라고 판단해버리는 것이다. 자신의 확고한 기준(예를 들면 '나를 불안하지 않게 해줄 완벽한 사람')에 감정과 태도가 완벽히 부합하는 존재가 어딘가 있다고 확신하기 때문에 누구를 만나더라도 끝까지 관점의 다양성을 인정하지 않는다. 어떻게든 상대를 자신이 원하는 사람으로 바꾸려 노력한다. 다름을 인정하려 노력한다고 말하긴 하지만 속으로는 이미 그것은 틀렸다고 결론 내리며 불편해한다. 평소 해오던 대로 "다 네 탓이야, 나는 잘못이 없어" 하고 모든 책임을 상대로 돌리면 본인의 마음은 편해지기 때문이다. 그들에게 다름은 오직 불편함이고, 불편함은 어떤 이유에서든 감정적인 불만과 흥분의 요인이 된다.

그러나 투사 성향이 강한 사람들은 신기하게도 자신과 다른 사람에게 강한 호기심을 보인다는 특징이 있다. 그렇기에 그들은 상대를 도려내는 것에 그치지 않고 누구보다 연애를 빨리 시작하는 특징도 가지고 있다. 하지만 1부에서 언급했듯이 이런 치명적인 매력의 끌림에 쉽게 정복된 시작은 언제나 빠른 헤어짐의 이유가 된다. 그래서 그들은 쉽게 잦은 연애를 할 수 있지만, 진득한 연애는 불가능할 만치 어렵다.

물론 제3자들이 보기에 그들은 외향적이고 자존감이 높아 보일 수도 있다. 그러나 결국은 자신의 불안을 줄이기 위해 몸부림치는 어린아이와 같다. 모든 책임을 어른들에게 전가하는 떼쟁이 어린아이 말이다. 특히 이별 앞에서 그들은 누구보다 태세전환이 빠르고 언제나 자신을 보호하기 위해 스스로를 위안한다.

"난 당신이랑은 원래부터 안 맞았어. 우린 인연이 아니었던 거지."

자기합리화의 이중성

굶주린 여우 앞에 탐스러운 포도나무가 보였다. 여우는 열심히 점프해보지만 닿지 못하자 체념하고 변명한다. "저 포도는 신 게 분명해. 그렇지 않고서야 아직 저렇게 남아 있을 리 없잖아."

우리 모두에게는 자신을 지키고자 하는 마음 즉 방어기제가 있다. 그중 하나가 '자기합리화'이다. 자기합리화는 자신의 불편함을 덜기 위해 자신이 처한 상황이나 처지를 정당화하는 태도다. 저 여우처럼 욕구가 좌절되면 스스로 감당하기 벅차니 모든 책임을 남이나 상황에 돌려버린다.

그러나 자기합리화는 자신을 순간 보호하는 역할을 하지만 정작 자신의 성장에는 큰 걸림돌이 된다. 여우처럼 당장 손에 닿을 곳에 포도가 있지 않으면 손을 뻗을 생각조차 하지 않으며, 매번 '적당히' 자신이 편한 상황으로만 만들려는 경향이 굳어진다. 이러다보니 자신의 능력을 직시하지 못하고 주변 상황이나 운명에 의존한다.

자기합리화 경향이 강한 사람의 연애는 대부분 상대방에게 깊은 상처만 입히고 끝난다. 자신을 보호하느라 잘못을 인정하기보다 변명을 우선시하기 때문에 서로 다른 의견이나 갈등을 모두 상대가 부족한 탓으로 돌린다. 그래서 마치 상대방이 하자 있는 사람인 것처럼 여기도록 만들어버린다. 이런 성향이 강해지면 결국 자신조차 속이는 자기기만으로 변질된다. 같은 사건을 접해도 자신에게 유리한 정보만 선택하고 탁월하게 기억해내서 사실을 있는 그대로 인정하지 않는다. 자신을 지키기 위해서라면 상대의 자존감까지 상처를 입히고 구석으로 몰아넣어 압박해서 제풀에 포기하도록 한다.

사실 관계에서 무엇보다 중요한 것은 어떻게든 갈등이 일어나지 않게 만드는 노력보다 어떤 문제점을 해결하기 위해 스스로 그 원인을 직시하고 인정하는 태도다. 그러나 자기합리화가 심한 사람은 절대 자신의 결점이나 실수를 인정하지 않기 때문에 시간이 지나도 변화되기가 쉽지 않다. 요즘 보험회사에서도 100% 과실은 없다는데, 모든 문제를 "너 때문이야"라고 말하는 상대에게 해줄 수 있는 가장 현명한 조언은 부디 스스로를 들여다보도록 요청하는 것뿐이다. "네 말을 들어보니 내가 잘못한 부분도 있네. 그런데 네가 조금이라도 잘못한 게 없을까? 이런 부분은 서운했는데 우리 서로 조금씩 노력 해보는 게 어때?"

만약 이 글을 읽고 내가 누구보다 자기합리화를 충실히 수행하며 자신을 보호해온 사람이라 생각이 든다면 지금까지 자신이 뱉은 가장 경멸적인 단어와 그때의 말투와 표정을 곱씹어보는 데 투자하길 바란다. 적어도 자신이 자기합리화가 심하다고 객관적인 판단을 할 수 있는 사람이라면 충분히 변화할 여지가 있다. 누가 아는가. 당신이 매번 시다고 믿으며 지나쳤던 포도들과는 다른, 최초의 달콤함을 맛보게 해줄 극적인 경험이 언제든 찾아올지 모르니 말이다.

나르시시즘에 빠진 현대인

고대 로마의 시인 오비디우스Publius Naso Ovidius가 남긴 이야기 중에 나르키소스와 에코의 비극이 있다. 물의 요정 리리오페는 사랑스러운 아들의 이름을 짓고 운명을 묻고자 눈먼 예언자 테이레시아스를 찾아가 '나르키소스'라는 이름과 "스스로를 알지 못하는 한, 오래 살 것이다"라는 운명의 점지를 받게 된다.

나르키소스는 누구보다 아름다운 외모를 가진 소년으로 성장했고 모든 젊은이들과 소녀들이 그를 열망했다. 그러나 정작 나르키소스는 그 누구에게도 사랑을 느끼지 못했고 모든 호감과 고백을 철저히 거절했다. 요정인 에코도 그를 보고 한눈에 사랑에 빠졌다. 불행하게도 상대의 끝말만 되풀이하는 저주를 받은 그 요정은 나르키소스의 말을 따라 하며 그를 끌어안았는데 나르키소스는 역시나 그녀를 단칼에 거절했다. 진심으로 사랑했던 에코는 실연의 상처로 앙상하게 야위어가다가 끝내 목소리만 남고 말았다. 그러자 에코와 똑같은 상처를 받은 한 요정이 신에게 간절히 기도했다. "부디 그도 저희처럼 누군가를 사랑하게 해주소서. 그러나 그의 사랑을 절대 얻지 못하게 하소서." 신은 요정의 소원을 들어주었다.

어느 날 나르키소스는 갈증을 느껴 산속의 반짝이는 샘물을 마시려다 물에 비친 자신의 얼굴을 바라보게 되고 스스로에게 반해버린다. 잠시라도 자리에서 일어나면 사라지는 자신의 모습을 보면서 차마 일어나지도 못하고, 먹지도 마시지도 않았다. 하염없이 자신의 얼굴만 바라보며 사랑의 아픔을 호소했다.

"내가 사랑하는 이가 바로 앞에 있지만 닿을 수 없다. 나는 나 자신에 대한 사랑으로 불타고 있는 거야. 내가 불을 지르고는 괴로워하고 있는 거야."

이렇게 지나치게 자기중심적인 사랑(나르시시즘)에 빠진 나르키소스는 요정의 기도처럼 그 누구에게도 사랑받지 못하고 비참한 죽음을 맞이한다.

현대의 개인들은 나르키소스처럼 자신과 사랑에 빠져 있다. 그리고 샘에 비친 자신의 모습을 끊임없이 확인하고 평가한다. 외부에 비친 자신만을 바라보기에 진정한 '나'가 아닌 가장 아름다워 보이는 모습만을 남기고 기억하려 한다.

웨스턴일리노이 대학 연구팀은 심리학 학술지《성격과 개

인 차이*Personality and Individual Differences*》에 게재한 연구에서 페이스북 친구의 수와 페이스북에서 '사회적으로 지장이 있을 정도의 나르시스트가 될 가능성의 상관관계'를 연구했다. 이 연구팀은 조사대상 300명을 상대로 '자기도취성향 지수(NPI)'에 대한 조사를 실시한 결과 페이스북 친구의 수가 많고 사진이나 자신의 상태를 자주 업데이트하는 가입자일수록 자기도취적 성향을 가졌을 가능성이 높았다고 밝혔다.

연구를 진행한 크리스토퍼 카펜터Christoper Carpenter는 자신에 대해 흡족한 느낌을 강하게 원하는 사람일수록 그것을 위해 페이스북을 더 자주 열어보게 된다고 전했다. 물론 페이스북뿐만 아니라 사진을 주로 올리는 인스타그램이나 국민 메신저 카카오톡도 예외는 아닐 것이다. 온라인 속 개인공간을 이용하는 사람을 직접 관찰해봐도 쉽게 그 상관관계를 확인할 수 있다.

카펜터의 말에 의하면 자아도취적 성향이 강한 사람일수록 특히 자신에 대한 부정적인 평가에 공격적으로 반응하고 프로필 사진을 빈번하게 바꾸는 경향을 보였다. 즉 자신의 현재 감정을 타인들에게 어떻게든 드러내어 관심을 받고 싶은 인정욕구가 활성화된 것이다.

누군가는 "그냥 내 마음을 남겼을 뿐이다"라고 항변하겠지만 개인만의 일기장과 분명히 다른 SNS라는 공개된 공간에는 프로필 사진이나 문구를 이용해서 수시로 자신의 존재를 알리고 스스로를 지키려는 기대가 필연적으로 존재한다.

SNS는 자신의 공간을 지인 또는 제3자에게까지 손쉽게 개방하는 하나의 무대와 같다. 다만 그 공간은 약속도 없이 집에 찾아오는 손님에게도 개방하는 것이 아니라 내가 준비된 상태에서만 보여준다는 것이 특징이다. 즉 예고된 집들이처럼 내가 준비된 상태로 의도한 아름다움만 노출을 허용한다. 그러다보니 평소 오프라인에서 타인에게 인정을 갈망하는 사람들 또는 자존감이 부족한 사람일수록 남들에게 '좋아요'라는 관심을 받기에 유리한 허상을 만드는 데 최선을 다한다.

SNS라는 거울에 비친 내 모습은?

SNS로 가장 득을 보는 산업은 '그루밍 산업'이 아닐까. '그루밍grooming'이란 몸단장을 뜻하는데, 요즘은 남녀에 상관없이 패션과 미용에 투자하고, 심지어 성형을 해서라도 자기만족을 찾으려는 사람들이 많다. 그들이 믿는 자기애 속에는 이중적인 의미가 존재하는데 아무리 앞면에 '자기만족'을 표기해도 뒷면에는 '타인의 승인'이 불편하게 공존한다. 즉 어떤 투자로 인해 스스로에게 만족하더라도 아무도 자신에게 관심을 보여주지 않는다면 그 투자는 실패한 투자로 인식된다. 더과감히 돈을 지불해서라도 타인의 관심을 사려는 것이 바로 그루밍이고, 이런 그루밍을 독려하고 응원하며 전면에서 홍보하는 것이 과거 제한된 미디어였다면 지금은 공간을 뛰어넘는 SNS다.

개인의 능력을 중시하는 사회에서 경쟁력은 바로 '자신'이다. 자신을 홍보하는 SNS 피드는 가장 잘 나온 얼굴, 섹시한 몸매, 값비싼 물건, 최고급 음식, 아름다운 배경의 여행지 같은 근사한 모습들로 넘쳐난다. 최고인 것을 올리기 위해 비용을 아끼지 않는다.

타인과의 비교를 통해 경쟁은 더욱 고무되게 마련이다. SNS 공간에서는 누구든 주인공이 될 수 있는 자격을 얻는 반면, 남과의 비교를 통한 자존감의 상승 또는 하락이 동반되고 인정욕구가 점점 과열된다. 일면식도 없는 이들에게 나의 얼굴과 몸이 노출되는 SNS 특성상 나의 만족이라는 1차적인 이유에서 멈출 수가 없다. 타인에게 주목을 받을 때 비로소 원하던 만큼 만족할 수 있는 것이다. 처음에는 순수한 마음으로 나를 가꾸기 위해 투자했던 개인들도 점차 나를 바라보는 누군가에게 신경을 쓰다보니 결국 내가 아닌 남에게 보여주는 모습에만 집중하게 된다. 자기 확증 없이 시작했던 자기 가꾸기는 인정에 대한 끝없는 갈증에 허덕이며 내가 아닌 타자들에게 영양분을 공급받기 시작하고, 점차 자신의 무능력을 숨기기 위한 허영심이라는 싹을 틔워, 나르시시즘으로 자라난다. 아주 잠시 SNS를 통해 오프라인에서 부족했던 타인의 관심을 얻기도 하지만 그 관심을 쫓아 몰입할수록 현실과 사이버상의 '나'라는 주체성은 점차 혼동되어간다. 나를 보여주는 데 그치는 것이 아니라 나를 중심으로 놓고 생각하고 판단하는 걸 당연시한다.

현실에서 인정받고자 하는 극심한 갈증을 느낀 현대인들은 결국 SNS라는 샘물에 비친 아름다운 나와 사랑에 빠지게 된다. 그들은 이제 누군가의 시선 없이는, 누군가의 '좋아요' 없이는, 누군가의 어루만짐 없이는 살아갈 수가 없게 된 것이다. 마치 연예인들이 자신의 활동을 수시로 팬들에게 공유하고 노출하듯, SNS에 꾸준히 사진을 올리고 확인하는 사람에게도 자신을 특별히 지켜봐주는 이들이 반드시 필요하다. 그렇게 타인의 '좋아요'라는 인정을 통해 하루의 안녕이 결정된다.

문제는 SNS와 현실에서 자신에 대한 평가의 괴리가 커질 때이다. 1,000장의 사진 중에 가장 잘 나온 사진을 올린다고 해서 999장의 사진이 나라는 사실을 부정할 수는 없다. 현실의 자아와 이상의 자아 간 격차가 생기는 경우, 물론 현실의 나를 인정하기보다 고평가된 SNS의 나를 인정하는 것이 마음이 더욱 편하다. 그러다보니 현실적 삶의 의미를 긍정적으로 만드는 데 소홀하고 내적 성숙의 필요성을 잃어간다. 그래서 '셀기꾼'은 절대 나와 상대의 소통 또는 관계 진전에 긍정적이지 않다. 현실을 자각하지 못하고 오프라인에서 타인에 대한 배려에 점차 소홀해지며 오직 SNS라는 무대 위에서 주인공이 되기만을 갈망하고 투자한다. 때론 SNS에서만큼 현실에서도 대접받고 싶어하는 마음이 그대로 투영되기도 한다. 마치 회사의 사장이 밖에 나가서도 모든 사람들이 부하직원인 양 권력을 과시하며 '갑질'을 하듯 말이다. 상대의 의중은 관심 없고 오직 자신에 대한 평가에만 예민하게 귀 기울인다. 그리고 이런 태도는 결국 공감능력의 결여로 이어지게 된다.

자존감과 나르시시즘은 분명히 다른 것이다. 우선 나와 타인의 관계 규정이 다르다. 자존감이 높은 사람은 타인을 대화와 소통이 필요한 존재로 여긴다. 반면 나르시시즘 성향의 사람은 자신이라는 주인공을 위해 존재하는 팬으로 여긴다. 모든 관계는 일방적이고 본인을 추종하는 사람들만 좋아한다.

또 하나는 약점을 대하는 자세가 다르다. 자존감이 높은 사람은 약점까지 자신의 모습임을 밝히고 인정한다. 반면 나르시시스트는 절대 약점을 받아들이지 못하거나, 어떤 행위를 성공적으로 이끌지 못하면 자책으로 자주 주저앉는다. 그래서 자신을 포장하려 하고, 없는 것을 있는 듯이 보이려 노력한다. 남들이 자신의 약점을 알면 부정적으로 평가할 것이라 예측하고 불안해하며, 약점이 직접 드러난 상황에서는 극도로 흥분하며 감정을 주체하지 못하는 특징이 있다.

세상에서 가장 아름다운 것들이 가득한 SNS. 그러나 잘 생각해보면 우리가 정말 아름답다고 말하는 대상이나 가치는 시간이 지난다 해서 닳거나 훼손되지 않는다. 반면 아무리 좋은 차도, 아무리 고급스러운 요리도, 젊은 몸과 조명발 흠뻑 받은 사진들도 사실 순간의 아름다움일 뿐 영원히 지속되지 않는다. 이처럼 우리가 평생 부단히 아름다워지려 하지 않고 아름다워 보이는 찰나에만 집착할 때 시간은 공평하게 가짜들을 빠르게 감가시킨다.

당신이 만약 높은 자존감을 가진 사람이라면 어떤 타인도, 심지어 모든 것을 깎아내리는 시간조차 당신이 가진 온전한 가치를 훼손시킬 순 없다. 그러니 절대 잊지 말아야 한다. 진정한 아름다움이라는 가치는 단순히 보여지는 것이 아니라 아무리 감추려 해도 나와 상대 안에서 뜨겁게 솟구치며 꿈틀거린다는 걸.

페르소나와 진정한 나 사이에서

우리는 필연적으로 사회라는 거대함과 마주하며 자신의 한계를 깨닫고, 또 다른 상대와의 끊임없는 비교를 통해 스스로의 잠재력을 의심하며 나약한 존재임을 인정하기에 이른다. 이 과정에서 무력감을 체감하는 개인들이 많을수록 그 사회는 욕망과 허영으로 가득 차게 되는데, 지금의 한국 사회가 그렇다. 마치 시간만 지나면 모든 문제가 저절로 해결된다는 듯 "행복할 거예요, 안아줄게요" 하는 위로와 감성 위주의 글이 에세이 베스트셀러 가판대를 가득 메우고, 부적처럼 SNS에 널리 배포되고 있다. 또한 "인생은 단 한 번뿐이다you only live once", '욜로yolo'라는 이름으로 현재의 행복에 소비를 집중하는 유행은 가장 중요한 '단단한 나'는 빠뜨린 채 괴로운 외적 현실만 바꾸느라 분주하다. 불확실한 미래에 대한 두려움을 극복하는 것이 아니라 단지 회피하기에 급급한 나머지 이 순

간의 쾌락을 위해 과감히 소비하는 삶으로 점점 변질되고 있
는 것이다.

　이런 막연한 기대와 현실도피적 행동은 타인으로부터의 고
립과 세상이 바라보는 나에 대한 불안 때문인데, 이런 나약함
은 인간 모두가 가진 공통점이다. 다만 무너진 자존감으로 인
해 정직하게 나를 바라보지 못하는 사람일수록 타인의 눈과
입과 귀에 더욱 주목하고 점차 의존하며 결국 복종하는 '누군
가의 나'가 되어간다. 그리고 그 사회에서 요구하는 다양한 역
할에 전전긍긍하는 존재가 되어간다. 직장에서 나, 가족에서
나, 친구 사이에서 나, 누군지 모를 낯선 이들 앞에 선 나라는
다양한 역할은 시간이 지날수록 확장되어 한때 풍부했던 감정
들을 연기처럼 날려버리고 오직 그들에게 '보이는 나'에 집중
하게 되는 것이다. 현실에서 주어진 역할들에만 충실하다보니
결국 나조차도 어느 얼굴이 진짜 내 얼굴인지 모른 채 착각하
며 산다. 그것이 바로 가면을 쓴 인격, 페르소나persona이다.
　사회에 던져진 나는 '어른'이라는 박스 안에 나를 꾸깃꾸깃
넣어보려 애쓰게 되는데, 어른이란 대체 어떤 사람들인가. 어
른이란 스스로를 통제할 줄 아는 능력을 가졌다고 우린 믿고
있다. 어떤 위급한 상황에서도 본인의 솔직한 감정이 넘쳐서
는 안 되며, 신중함을 무기로 매사 균형을 잘 잡는다. 마치 흔
들림을 통제하는 평형수가 미리 준비된 선박처럼 흔들리는 파

도에도 언제나 균형을 잡고 아무 일 없다는 듯 안정한 모습을 유지하는 완벽한 사람들이다. 그러나 이런 어른 역시 타인의 기대에 부응하느라 결국 삶의 주인이 되지 못한 채 '어른역할극'을 하고 있을 가능성이 높다.

　인간이란 태어나면서부터 서로 관계를 맺고 유지하는 사람들이 주변 어디라도 있기에 안정감을 느끼는 한편 언제라도 그들에게서 고립될까 불안해하는 불안정한 존재다. 문제는 어른다움에 충실하려 할수록 나 자신보다 타인이 바라보는 나에 집중하게 된다는 것이다. 나의 생각과 감정은 상관없이 언제나 그들이 기대하는 나의 모습만을 열심히 보여주려 노력한다. 혹여나 "너답지 않아"라는 말을 듣게 되면 나의 평형수에 문제가 생겼다는 심각한 경고로 여기고 무엇이 문제였는지 곰곰이 반성한다. 그러나 끝내 그 모든 책임을 자신에게 돌림으로써 자책과 회개로 하루를 마감한다. 점차 '나는 누구인가'라는 질문을 스스로 외면한 채 차라리 쉬운 의존하고 순응하기를 채택하고, 페르소나를 더욱 두터이 박음질하면서 상대가 기대하는 나의 모습을 충실히 연기한다. 내면의 '나'는 깊숙이 봉인되더라도, 집단 속 '나'는 화려하게 꽃피워서 인정을 얻길 갈구한다. 그러나 이건 한 명에게 조종당하는 아바타보다 더욱 불가능한 미션을 수행하는 것이다. 어찌 주변 모든 사람들의 기대를 충족하는 완벽한 '나'를 성공시킬 수 있단 말인가.

　물론 화려함과 최고만을 추구하는 지금의 자본주의 사회에서는 얼마나 빛나는지가 권력이고 모두가 그것을 선망한다. 경쟁이라는 이름으로 서로에 대한 비교와 평가가 당연시되는 가운데, 개인에게 타인이 바라보는 '나'라는 상품의 가치는 더욱 중요해지기 마련이며 비교가치에서 밀린 기분만으로도 자존감에 큰 상처가 난다. 이미 학생들은 성적으로 순위가 매겨지고, 어른들은 직장에 따라 잘살고 못살고 하는 등급이 매겨진다. 이런 환경 속에서는 어쩔 수 없이 나의 가치를 타인에게 인정받아야만 한다는 인정욕구가 커지기 마련이다. 자신이 생각하기에 열등한 인격을 감추고자 차라리 그들이 기대하는 다른 인격인 '페르소나' 뒤에 숨어 사회적 집단 내에서 '내가 아닌 나'로 살아가는 것을 당연시한다. 마치 SNS에 가장 아름다운 모습으로 보정된 사진만 전시하듯, 짙은 화장 안에 숨겨진 맨얼굴은 끝까지 보여주지 않기로 다짐한다.

하지만 생각만 조금 바꾼다면 나의 진짜 모습을 찾는 시도가 생각보다 어렵지 않다는 걸 알 수 있다. 평생 셀 수도 없이 만나게 될 사람들이 원하는 모습의 나로 완벽하게 바꾸는 것보다 그냥 있는 그대로의 나를 보여주는 것이 더 쉽기 때문이다. 그래서 내가 찾은 이 모든 문제의 해답은 '사랑'이다. 사랑은 평생 바라본 적 없던 내 모습을 가장 또렷하게, 숨겨진 모든 구석까지 볼 수 있는 유일한 거울 앞에 마주하도록 만들기 때문이다.

사랑처럼 다양하고 복잡한 감정이 또 있을까. 행복하지만 불안하고, 기대하지만 좌절하며, 기쁘지만 비참해지고, 설레지만 답답한 감정. 인간이 표현할 수 있는 이 모든 감정을 티슈 뽑아내듯 쉽게 끄집어내는 것이 바로 사랑 아닌가. 이런 이유로 사랑을 하는 순간은 평생 바라본 적 없던 또는 애써 피해온 '내 모습을 바라보는 유일한 순간'이기도 하다.

누구라도 사랑이라는 경험을 하면 아무리 두터운 페르소나도 철저하게 벗겨지게 된다. 비록 자주적인 능동성을 잃고 지낸 '나'라는 존재일지라도, 사랑으로 내 곁을 끝까지 지키려는 '상대'가 나라는 존재의 따뜻함과 소중함을 일깨운다. 무엇도 할 수 없다고 믿던 나에게 무엇이든 할 수 있다는 용기를 불어넣어 소멸되었던 잠재력을 회복시킨다. 마치 거울에 비친 자신의 흉측한 모습마저 품어주는 사랑을 만나 본연의 모습을 되찾을 수 있었던 '야수'처럼 말이다.

가면을 벗는 용기

어른과 아이의 간단한 차이는 유치함을 느끼는가이다. 아이가 하는 모든 행위는 오직 하고 싶다는 본능이 지배할 뿐 죄책감은 전제되지 않는다. 누가 보든 말든 단순히 자신의 감정과 본능에 충실할 뿐이다. 그렇기에 어른들이 유치하다고 규정하는 행위들이 아이들에게서는 쉽게 나올 수 있다. 반면 어른들의 모든 행위에는 현시욕이 존재한다. 자신의 존재를 과시해서라도 타인에게 인정받고 싶은 욕구이다. 주변에 보는 이가 없어도 항상 누군가 나를 지켜보고 있다는 긴장감 속에서 행동하며 살아간다.

그러나 사실 모든 어른들 가슴속에는 작은 아이가 함께 살고 있다. 그 아이는 신의 저주를 받아서 평소 절대 눈에 띄지 않는다. 단 가슴속 뜨거운 사랑을 느끼면 마침내 아이는 깊은 잠에서 깨어난다. 그 아이의 이름은 바로 한때 모두가 가졌던

'유치함'이다.

사랑하는 사람들의 모습을 보면 모두 유치하다. 그들의 유치함은 본인들의 의지와 상관없이 사고로 이어지고 행위를 일으킨다. 그리고 당연한 둘만의 사랑 증거가 되고 충만한 자유의 태동이 되기도 한다.

영화 〈타이타닉〉에서 가난하지만 자유로운 삶을 즐기는 잭과 경제적으로 몰락한 귀족으로 삶에 회의를 느끼는 로즈는 타이타닉호라는 공간에서 만난다. 어느 날 식당에서 한 아이가 귀족 예절을 배우는 모습에서 자신의 페르소나를 마주한 로즈는 답답함에 갑판으로 도망쳐 나오고, 난간을 넘어가 물속에 뛰어들려는 로즈를 우연히 마주친 잭이 만류한다. 이어지는 장면은 아주 유명하다.

"손을 이리 줘요"

"이제 눈을 감아요."

"난간을 잡고 눈을 감아요."

"날 믿나요?"

"믿어요."

"이제 눈을 떠요."

"날고 있어요. 잭."

이 장면이 주는 감동은 귀족이라는 가면 속에 '나'를 봉인한 채 답답하게 살아가는 로즈에게 어느 날 찾아온 잭이라는 한 사내가 남을 의식하지 않는 '유치함'을 일깨웠기 때문이다. 그는 초대된 귀족들 만찬에서 누구보다 자신이 행복한 이유를 소신 있게 밝힌다.

"제게는 맘껏 숨 쉴 공기와 그림 그릴 종이도 있어요. 더욱 행복한 것은 하루하루가 예측 불가능하고 누군가를 만날 수 있다는 기대감과 어디라도 갈 수 있다는 것이죠. 인생은 축복이니 낭비하면 안 됩니다. 순간을 소중히 해야죠."

로즈는 귀족 세계의 일부를 담당하며 살아왔지만 잭이라는 새로운 세계와의 우연적 만남이라는 극적인 사건을 통해 속박된 자신의 모습과 마주하게 된다. 무엇보다 잭이 당당히 말한 현재라는 순간의 소중함을 깨닫게 된 것이다. 비록 알을 두드린 것은 잭이었지만 자아를 일깨워 알을 깨고 나온 것은 바로 로즈였다. 자신을 둘러싼 금기의 껍질들을 뚫고 자유로 가득 찬 세상으로 나온 것이다. 귀족답게 교양 있게 말하고 남들의 시선을 의식하고 품위를 지켜야만 했던 속박을 벗어나 아이처럼 유치해지는 의식의 자유를 만끽하게 되는 그 순간. 바로 사랑이었다.

로즈는 사랑이라는 경험을 통해 '나'라는 유일한 주체와 극적으로 마주하게 되었고, 그것에 그치는 것이 아니라 자신을 똑바로 들여다봄으로써 결박된 진정한 자아를 깨달을 수 있었다. 이로써 더 이상 귀족이라는 틀에 박힌 사람이 아닌 나라는 주체를 무대 위 주인공으로 복원시킬 수 있었다.

그런 면에서 이 〈타이타닉〉이라는 영화는 단순히 남녀의 극적인 만남과 슬픈 결말로 사랑의 낭만성이 소비되는 영화라기보다는 여주인공 로즈가 남자주인공 잭을 만나 평생 써온 귀족이라는 가면을 직접 벗어던지는 데 성공하고 온전한 '나'를 회복하게 된다는 극적인 변화가 담긴 작품이었다.

　그렇다면 과연 로즈만 이런 극적인 선물을 받았을까? 자신의 죽음을 예견한 잭은 로즈에게 마지막 감사를 진심으로 전달한다.

　"타이타닉의 승선권을 구한 건 내 생애 최대의 행운이었어요. 당신을 만났으니까. 난 거기에 감사해요. 로즈."

　로즈는 평생 묻힐 뻔한 소중한 자의식을 발견하고 본연의 삶을 되찾았고, 잭은 죽음 앞에서도 두렵지 않을 소중한 사랑의 경험을 얻게 된 것이다.

주는 데 익숙한 사람,
받는 데 익숙한 사람

　여기 두 사람이 있다. 주는 데 익숙한 사람과 받는 데 익숙한 사람. 주는 데 익숙한 사람들은 다시 두 가지 유형으로 구분할 수 있다. 무엇을 주어서라도 상대의 마음을 얻고자 하는 사람과 무엇을 줌으로써 스스로 만족을 느낄 줄 아는 사람.

　무엇을 주어서 상대의 마음을 얻고자 하는 사람은 대개 경제학적 교환의 가치를 아는 어른들이다. 내가 하나를 주었으니 당연히 최소한의 답례라도 기대하고, 또 얻어야 마땅하다고 생각한다.

　반면 어떤 대가 없이 무엇을 주어서 기분이 좋아진다는 건 아이들의 마음이다. 아이들은 내가 가진 물건의 가치를 분명히 알지 못한다. 다만 지금 가지고 있는 것이 먹을 것이라면 '맛있다'는 것을 알고, '먹고 싶다'는 강한 욕구가 있을 뿐이다. 그 소중한 것을 타인에게 준다는 것은 상대가 이 '맛있다'는 만족을 느껴보길 원해서다. 즉 내가 상대에게 주어서 얻는 만족을 내가 가질 때의 만족보다 크게 여기는 경우다(그렇기에 보통 아이들은 자신이 좋아하는 사람에게 준다).

손에 꼭 쥐고 있던 것을 자발적으로 누군가에게 건네는 아이들의 얼굴에는 불쾌감 없는 행복한 미소가 자연스럽다. 그가 가진 한 개를 상대에게 주었다는 것은 한 개를 잃은 것이 아니다. 내게 하나가 없더라도 네가 취하면 좋겠다는 행복이 내포된 증여이기 때문이다.

물론 주는 입장에서도 받고 싶은 마음이 생기는 건 자연스럽다. 그러나 지금처럼 '상대가 가진 것이 얼마나 되며 또 앞으로 내가 필요로 하는 것으로 얼마나 교환될 수 있는가'로 사랑의 가치가 결정되는 때가 또 있었을까. 가진 자는 내가 아닌 내가 가진 것을 보며 다가오는 가짜사랑으로, 덜 가진 자는 상대적 박탈감으로 불행하다. 그래서 우리가 한때 가졌던 어린아이의 순수한 마음으로 회귀해보면 어떨까 한다.

누군가는 "이별하고 나니 상대에게 주었던 모든 것을 괜히 준 것 같아 아쉬움만 남았다"고 말한다. 그런 사람에게는 그때 당신이 주었던 선물이 무엇인지가 아니라 그때 그것들을 왜 주었는지만 생각해보라고 말해주고 싶다. 무언가를 준 행위는 다가올 후회를 줄이기 위해 당시 내가 할 수 있는 최선의 노력이었을 것이다. 반대로 상대에게 무언가를 받기만 한 것은 어쩌면 사랑에 의존하고 사람을 이용하는 나약하고 비겁한 행동이었는지 모른다.

물론 누군가는 이 글을 읽고 이렇게 말할 수도 있다. "난 그때 그 사람에게 덜 줘서 후회도 적었지. 참 다행이야." 안타깝지만 그 사람도 한때는 당신의 안목으로 신중히 사랑을 허락한 사람이었다. 줄까 말까 고민해서 덜 주었다는 것은 교제는 허락했으나 마음은 허락하지 않았다는, 자신의 종잇장처럼 가벼웠던 연애 역사의 방증일 뿐이다.

3부

사랑의 이면, 질투와 집착。

우리가 타인과의 '관계'를 원하면서도 정작 두려워하는 이유는 '타자'라는 알 수 없는 대상을 대하기 때문이다. 나는 타자에게 한 걸음 다가가 가까워졌다고 생각해도, 나에 대한 애착과 믿음 기준은 오로지 상대가 결정하는 만큼 무엇보다 관계에서 필요한 '적당한 거리'라는 문제를 풀기가 유난히 어렵다. 그래서 그 미세한 거리의 조정은 평생 살아가며 겪는 '경험'에 의존할 수밖에 없다.

'애착'은 타인에 대한 나의 관심과 신경이 몰두해 있는 상태로 마치 빙판길에 썰매를 타고 있는 것과 같아서 혹여 스스로 통제하지 못하면 상대방과 충돌하고 서로에게 상처를 입힌다. 반대로 운 좋게 함께할 수 있는 행복을 얻었어도 당신만은 내 곁에 있을 것이라는 '믿음'이 지나치면 오히려 소홀함으로 변질되기도 한다. 이 애착과 믿음이라는 시소에서 균형은 결국 타인에 대한 이해와 공감으로밖에 찾아낼 수 없다.

우리는 이런 노력들을 통해 놀라운 숙제들을 천천히 풀어 가지만 아쉽게도 매번 상대는 오래 기다려주지 않는다. 타자의 기다림은 유한하고, 나라는 존재의 변덕도 '적당히'를 언제나 테스트한다. 그래서 사람과의 거리를 조정하기란 언제나 쉽지 않다.

사랑의 단서

이성에게 인기가 많은 로맨티스트와 사랑꾼으로 위장한 나쁜 남자의 차이는 무엇일까. 바로 '나쁜bad'이라는 단어 속 두 가지 의미부터 알아야 한다. 첫째, '옳지 않다'라는 의미와 둘째, '좋지 않다'라는 의미. '옳지 않다'는 보편적 기준에 어긋나 어떤 상황에서도 절대 해서는 안 되는 것이지만, '좋지 않다'는 각자의 주관적 기준에 어긋날 뿐 반드시 틀린 것은 아니다.

로맨스를 실천하는 사람들은 절대 '옳지 않다'는 뜻의 '나쁜' 행동을 하지 않는다. 오직 남들보다 뛰어난 판단능력과 감각적인 매너로 상대가 원하는 것을 빨리 캐치하며 수용할 줄 안다. 그렇게 자신의 진정성을 능숙한 방법으로 표현할 줄 아는 사람을 보통 로맨티스트라고 한다.

반면 나쁜 남자는 자신의 능력을 모두 본인이 원하는 것에 집중한다. 상대가 가진 몸, 돈, 시간, 인맥 모두가 그의 욕구를 충족시키기 위한 수단이 된다. 그들에게 연애의 목적은 오직 순간의 쾌락과 소유일 뿐이다. '옳지 않다'는 의미에서 '나쁜' 행동도 서슴지 않는다. 그러다보니 상대에게 되돌릴 수 없는 상처를 입히고 만다.

그렇다면 왜 여성들은 상대적으로 착하고 순진한 남성들보다 이런 두 유형의 남성들을 선호하는 걸까? 대개 외모가 이미 충분히 이성에게 호감을 받을 만큼 평균 이상인 경우가 많거니와 가장 강력한 사랑의 단서를 꿰뚫고 있다는 공통 특징이 있다.

그들은 기술적으로 상대를 충분히 설레게 하고, 금세라도 떠날까봐 두렵게 만들며, 또 다른 누군가에게 다정함을 보여주어 질투심을 심어놓을 줄 안다.

그러나 마음만 먹으면 어느 이성이든 홀릴 수 있는 능력도 결국 '진실한 사랑'과 마주하면 소용이 없다. 정작 자신들이 들뜨고, 불안해하며, 질투하게 된다. 마치 뜨거운 해를 만난 나그네처럼 자신의 옷가지를 누구보다 빨리 벗어던져버린다. 그 능숙함이며 거만함까지도 무장해제되어버리니, 사랑은 얼마나 강력하고 모두에게 공평한가.

남자의 질투와
여자의 질투는 다르다?

질투란 상대가 생각하는 나의 가치에 대한 반응이다. 즉 상대에게 나의 존재가치가 소멸될까봐 두려워하는 것이 바로 질투심의 핵심이다. 그렇다면 질투는 왜 생기는 걸까. 진화심리학자들은 이 질투심이 아주 오래전부터 내려오는 사랑의 지혜라고 보았다.

구석기시대를 떠올려보면 돌을 던져 사냥을 하는 남자와 채집을 하는 여자가 있었다. 이 둘에게 운명적인 만남보다 더 필요한 것은 어떤 환경에서도 살아남는 '생존'과 외부의 위협에서 잘 지키는 '보존'이었다(시대에 따라 인류를 위협하는 대상은 바뀌었지만 '생존'과 '보존'이라는 숙제는 지금도 변함없다).

자신의 정자를 최대한 많이 퍼트려 자식을 남기려는 남성과, 자신과 아기만 남겨지지 않기 위해 더 강한 남성과 결합하려는 여성 사이에는 이 '생존'과 '보존'이라는 본능적 욕구가 팽팽한 긴장감을 조성하며 공존한다. 그리고 이런 남자와 여자의 치열한 신경전과 전략은 질투심이라는 유전적 감정을 심어놓았다.

특히 남성들은 언제 어디서든 정력을 남발할 수 있는 유리함에 만족하기 전에 반드시 이 사실부터 알아야 한다. 남성은 평생 '의구심의 늪'에서 벗어날 수 없다는 사실이다. 상대의 매력은 절대 나에게만 느껴지는 특별함이 아니니, 내가 좋아하는 이성의 주변에는 항상 경쟁자들이 존재하기 마련이다. 그래서 힘겹게 여성 파트너를 얻었다고 해도 늘 다른 남성들이 내 파트너에게 구애할 기회를 엿보고 있다는 의심으로 일생을 두려워한다. 조금 더 분명히 설명하자면, 생물학적으로 여성은 자기가 낳은 아이가 자신의 자식이라는 것을 100% 확신할 수 있다. 반면 남성은 여성처럼 확실함이 보장되지 않는다. 혹여 여성의 외도로 다른 경쟁자의 자식을 대신 부양하는 최악의 상황까지 배제할 수 없다. 마치 자기 둥지에 탁란한 뻐꾸기 알을 품고 돌보는 개개비나 뱁새처럼 말이다.

아무튼 남녀는 서로의 외도와 배신을 견제할 수 있는 전략적 자기보호가 필요했고, 사랑이라는 명분으로 부정적인 감정을 발동시켜서라도 서로를 지키려 했다. 그 감정이 바로 질투다.

과연 이런 고전적인 진화론적 접근이 수천 년이 흐른 지금까지 똑같이 적용될까? 이 질문에 답을 구하듯 진화심리학자 데이비드 버스 박사는 흥미로운 실험을 진행했다. 그는 1992년 미시간 대학교에서 수백 명의 실험 대상자들에게 아래 두 경우 중 무엇이 더 나쁜지 선택하도록 했다.

1. 애인이나 배우자가 다른 이성과 '육체적으로 격렬한 성관계'를 가진 사실을 알게 되었을 경우
2. 애인이나 배우자가 다른 이성과 '정신적으로 강한 애착관계'를 갖고 있다는 사실을 알게 되었을 경우

물론 사랑이 진행 중인 커플들로서는 결코 내키지 않는 질문이었지만 둘 중 하나 선택을 했고, 대답은 예상보다 흥미로웠다. 대부분의 여성(83%)은 파트너가 정신적으로 부정을 저지른 경우 더 화가 난다고 대답했다. 반면 남성(60%)은 파트너가 다른 남성과 잠자리를 한다는 상상을 견디기 힘들다고 대답했던 것이다.

서면조사 후 보다 정밀하게 결과를 체크하기 위해 버스는 거짓말탐지기를 통해 실험자의 심박 수를 측정하고 눈썹 위에 전극을 붙여 심리적인 증세를 기록했는데, 놀랍게도 실험에 참가한 남자들은 파트너가 다른 남성과 육체적 관계를 맺는다는 상상에 몰두하면 악몽을 꾸듯이 온몸에 흠뻑 땀을 흘렸으며 얼굴을 찡그리며 괴로워했다. 그리고 여자들은 서면에 작성한 내용과 똑같이 연인이 다른 여성과 사랑에 빠진다는 생

각을 할 때 스트레스로 심박 수가 급격히 빨라졌다.

버스는 이 실험결과를 근거로 남성은 육체적 배신을 그리고 여성은 감정적 배신을 더 괴로워한다는 결론을 도출하고, 미국뿐만 아니라 37개국의 다른 나라로 확장해 성의식을 분석했다. 우연은 없다는 듯 모든 결과가 동일하게 나왔다.

요컨대 성에 따라 질투의 성질이 분명히 다르며, 육체적인 배신보다 오해하기 쉬운 감정적 배신의 빈도가 상대적으로 높은 만큼 여성의 질투가 남성보다 집요하고 강하다는 것. 이것이 이른바 '질투의 진화이론'이다.

질투의 진화이론은 남성보다 여성의 질투가 더 강하다는 근거로 점점 더 보편화되어왔다. 그도 그럴 것이 남성에게는 배우자의 외도가 본인의 생존까지 직접 연결되는 문제는 아니나, 여성이 처한 상황에서는 자신과 자식의 생존이 걸린 문제인 만큼 질투가 남성보다 강할 수밖에 없다고 믿어온 것이다. 그리고 그 결과 여성들의 뇌가 느끼는 감정이 당연히 남성과 다르다고 믿어왔다.

또한 데이비드 버스의 주장 이후 그 의견을 더욱 공고히 하는 실험들이 발표되었다. 바젤 대학교의 생물심리학자 아네트 밀닉Annette Milnik은 약 700명을 대상으로 fMRI를 통해 뇌 활동을 측정해 부정적인 이미지에 대해 여성들의 뇌 운동영역 활동이 남성들보다 강한 반응을 보였음을 확인하고 '여자는 더 감정적이고 감정을 더 표출할 것이다'라는 의견으로 질투의 진화이론을 뒷받침하게 된다.

한편 저명한 과학자의 합리적 이론과 그것을 뒷받침하는 실험들의 증명 속에서도 질투의 진화이론에 대해 깊은 의문을 가지고 새로운 연구를 시도한 사람이 있었다. 바로 미국 펜실베이니아 주립대학 심리학자 케네스 레비Kenneth Levy 교수였다. 레비는 버스의 연구결과처럼 남성이 여성보다 성적 부정을 훨씬 더 중요하게 여길 수 있겠지만, 일부 남성들은 오히려 감정적 배신에 더욱 큰 상처를 입었다는 사실과 일부 여성들도 자신의 파트너가 다른 이성과 동거를 하면 남성들처럼 괴로워했음에 주목했다. 인간관계의 애착에 대해 꾸준히 연구해온 그는 이를 남과 여라는 '성'의 문제가 아닌 개인이 가진 '애착' 문제로 예측했다. 바로 이것이 '질투의 애착이론'이다.

이 이론은 생각보다 이해하기 쉽다. 레비는 개인이 타인과 관계를 형성할 때 나타나는 차이를 통해 회피형dismissive과 안정형secure 애착 유형을 구분했다. 회피형 애착을 가진 사람은 사람 간의 돈독한 관계보다는 자신의 독립을 훨씬 더 중요시한다. 반면 안정형 애착을 가진 사람에겐 무엇보다 인간관계가 매우 중요하다는 것이다. 그는 실제로 400명의 대학생을 대상으로 해당 이론에 대한 실험을 한다.

실험의 방식은 기존 데이비드 버스의 서면 질의 전에 똑같은 표본들을 대상으로 애착 유형에 대한 표준검사도 함께 시행하는 것이었다. 조사결과는 매우 놀라웠다. 회피형 애착의 남성은 성적 부정을 더 나쁘다고 생각하는 반면, 안정형 애착의 남성은 정서적 부정을 더 안 좋게 보았다. 물론 여성도 남성과 동일한 결과가 나왔다. 즉 레비의 가설대로 성별의 차이보다는 애착관계의 유형에 따라 질투의 양상이 선명하게 구분된다는 것이 입증되었다.

일련의 질투심에 대한 연구들을 정리하면, 기존에는 질투는 생물학적인 차이에 기인하며 성별에 따라 다르다는 이론이 신봉되어왔지만, 최근에는 질투의 빈도와 강도는 성별 차이가 아닌 개인의 애착 유형에 따라 양상이 달라질 수 있다는 이론이 검증된 것이다.

그렇다면 누구든 가지고 있는 질투심은 연인 간에 반드시 필요한 것일까? 당신의 남자친구나 여자친구가 다른 이성에게 밝게 웃는 모습을 본 순간 당신은 본능적으로 언제든 내 곁에 있을 것 같던 연인을 빼앗길 수 있음을 떠올릴 테고, 경계심의 심지에 불이 켜지기 마련이다. 서로 연인이 되게 만든 설렘이라는 최초의 뜨거운 동력을 익숙함으로 인해 잠시 잃었더라도 질투가 새로운 긴장과 위기감을 느끼게 만든다. 그리고 이 상황을 극복하고자 서로를 지키기 위해 전보다 밀착하도록 동기를 부여하기도 한다.

물론 이 같은 긍정적인 질투심의 효과를 기대하려면 먼저 질투심을 스스로 통제할 수 있다는 조건이 필요하다. 이런 전제 없이 관계 개선을 노린 질투작전을 편다면 부작용이 먼저 찾아온다. 애초 질투라는 건 서로를 끈끈하게 응집시키기보다 피곤하게 만들고 시간이 흐를수록 상대에 대해 질리도록 만들기 때문이다. 만약 적당한 질투심으로 상대를 자극한다면 시들해진 관계를 '일시적으로' 회복할 수는 있겠지만, 근본적인 해결책은 될 수 없다.

질투의 양면성

앞서 살펴본 과학자들은 남녀가 팽팽한 긴장감을 유발해 서로 견제하는 전략을 위해 질투라는 감정이 필요했다고 설명한다. 그러나 사랑의 완성까지 다가가는 데 질투가 오히려 방해가 된다며 부정적인 면을 강조한 철학자가 있다.

알랭 바디우Alain Badiou는 저서 《사랑 예찬Eloge de l'amour》에서 "질투는 사랑의 인공적인 기생물이며, 사랑의 정의 안으로는 결코 진입하지 않는다"면서 "사랑의 진정한 적은 경쟁자가 아니라 바로 이기주의"라고 말했다.

철학자 바디우가 말한 사랑의 조건은 우선 나처럼 상대도 하나의 독립된 주체라는 '동일성'의 대상으로 바라보는 시선을 전제한다. 이런 동일성의 시선을 가지고 있다는 것은 서로의 차이라는 '상대성'을 충분히 이해하고 또 수용한다는 선언과 같다. 그래서 바디우는 자신의 세계만을 강요하는 이기적인 자아야말로 사랑을 가로막는 가장 강한 적으로 여겼다. 또한 둘만의 세계를 만들어가기 위한 사랑의 무대 위에 제3자라는 존재 즉 경쟁자를 끌어넣는 질투는 굳이 보이지도 않는 수많은 가정들의 위험성을 끌어안는다고 보았다.

바디우가 질투를 사랑의 기생물로 칭한 이유는 일반적인 사랑처럼 서로 협력하고 연대하는 정상적인 관계가 아니라 둘 중 한쪽만 일방적으로 이득을 취하는 이기적인 관계를 만든다고 보았기 때문이다. 질투 또한 사랑이라 맹신하는 사람들은 결국 자신이 원하는 것을 챙길 때까지 단·장기적으로 숙주인 상대방에게 꾸준히 희생을 강요한다. 질투라는 감정 자체가 단지 자신의 불안과 두려움을 떨치기 위해 모종의 거래를 시도하는 것과 다를 바 없다고 한 그의 말처럼, 질투는 어디까지나 '도구'적인 수단일 뿐 서로의 관계에 필요한 본질이 되지 않는다. 순수한 사랑을 포기하는 대신 어떻게 해서든 상대방을 독식해서 완전히 나의 것으로 소유하고자 하는 기만이며, 결국 두 사람의 사랑을 파괴하는 위험요소일지도 모른다.

그렇다면 이쯤에서 의문이 든다. 과연 질투 없는 사랑도 가능한가?

보통 우리는 질투를 상대방이 다른 사람을 사랑할 것 같은 의구심에 따른 감정으로만 이해하지만 사실 질투는 두 가지로 나뉜다. 경쟁자에게 상대를 빼앗길지 모른다는 두려움에 대한 감정과 경쟁자는 없지만 상대를 철저히 소유하고 싶은 마음이다. 전자는 새로운 경쟁자에게 소중한 사람을 빼앗기지 않기 위해 자신의 모든 능력을 끌어올리려는 자발적인 동기가 되기도 하지만, 후자는 상대와 절대 하나가 되지 못한다는 것을 인정하지 않는 채울 수 없는 자기 욕망이다.

질투라는 감정이 보편적인 것은 오직 경쟁자라는 존재가 확인 가능할 때뿐이다. 질투는 의심이라는 모종이 자란 것이지만, 경쟁자 없는 의심은 실체 없는 망상일 뿐이다. 그래서 바디우는 질투 없는 사랑이 아니라, 제3자가 없는 질투의 파괴성을 가장 경계했다. 그런 면에서 질투는 남녀관계에서 화합을 깨트리는 망치가 되기도 하며 행복을 삼켜버리는 괴물이 되기도 하지만, 사랑의 증거가 되기도 한다. 그렇다면 이 강렬한 질투라는 감정을 무조건 나쁘게만 볼 일은 아니다.

프리드리히 니체Friedrich Nietzsche는 《차라투스트라는 이렇게 말했다Also sprach Zarathustra》에서 "사랑 안에는 항상 약간의 광기가 있다. 하지만 광기 안에는 항상 약간의 이성도 있다"라고 밝혔다.

니체가 정의한 사랑을 질투로 바꾸면 완벽하게 질투를 설명해준다. 즉 질투는 광기와 이성 사이에서 헤매는 들짐승과 같다. 무조건적인 공격성을 보이는 것이 아니라 내가 뒤돌아서는 나약함을 보였을 때 기다렸다는 듯 달려온다.

질투라는 건 여러 상황에서 위험에 대처하기 위한 자기방어적 태도와 다름없기에, 그대만큼은 내 곁에서 항상 변하지 않을 것이라는 기대와 떠날지도 모른다는 불안 사이에서 투쟁하는 질투심의 양상들은 매우 자연스러운 욕구의 표출일 뿐 병적인 문제가 아니다.

그런데 경쟁자가 출현한 상황처럼 상대에게 전보다 더 열정적인 에너지를 쏟아야 하는 위급한 경우가 아닌데도 단지 자신의 불안을 해소하기 위한 질투심 그리고 완전히 상대를 갖지 못했다는 결핍으로 인한 대상에 대한 소유욕구가 점점 커지면서 문제가 발생한다. 결국 상대를 나와 합일시키려는 억압과 속박의 욕심으로 인해 서로의 관계를 점차 내가 바라는 쪽으로 바꾸려 하며 폭력적인 관계로 변질시킨다.

따라서 만약 이 질투심의 정체와 경계를 확실히 인지하고 있다면 이성이라는 주인이 광기라는 짐승을 길들이겠지만, 그것에 실패하면 감당 못 할 거대한 짐승이 결국 자신을 집어삼키고 상대에게 깊은 흉터를 남길 것이다.

알베르 카뮈Albert Camus는 《시지프 신화Le Mythe de Sisyphe》에서 "행복과 부조리는 같은 땅이 낳은 두 아들이다. 이들은 서로 떨어질 수 없다"고 말했다. 이어서 "행복은 반드시 부조리의 발견에서 태어난다고 말한다면 그것은 잘못일 것이다. 부조리의 감정이 오히려 행복에서 태어날 수도 있다"고 설명했다.

어쩌면 사랑을 하는 인간들이 너무 아름다워 그 모습을 시기했던 신들이 질투라는 불편한 감정을 심어놓은 것은 아닐까? 그런 생각으로 카뮈의 글에서 행복과 부조리를 사랑과 질투로 치환해볼 수 있을 것이다.

지키고픈 사랑과 불편한 질투는 분명 같은 땅에서 자랐다. 사랑을 반드시 질투에서 찾겠다면 그것은 잘못일 것이다. 그러나 종종 질투에서 우린 사랑을 발견하기도 한다.

좋은 관계란
시간이 아니라 존중에 비례한다

"나에게 혼자 파라다이스에서 살게 하는 것보다 더 큰 형벌은 없을 것이다."

괴테의 말이다. 이 거대한 사회 속에서 티끌같이 작은 나라는 존재가 숨 쉬고 살아가는 것 자체도 어쩌면 기적일 수 있다. 우리가 저마다 자신의 의지를 관철하려 노력하면서도 저 사회적 고립이라는 형벌을 피할 수 있는 유일한 이유는 오랜 시간을 공들여 배워가는 '관계'라는 과제에 있다.

누구나 좋은 사람을 자신 곁에 두고 싶어하기 마련이고 그러기 위해서는 무엇보다 좋은 사람을 볼 수 있는 혜안이 필요하다. 꽃샘추위처럼 주변의 것을 고사시키는 사람이 아닌 봄바람처럼 온기로 가득해 만물을 소생시키는 사람과 관계를 맺어야 한다. 그래야 그토록 고대하던 관계의 지속성이라는 꽃을 피울 수 있다.

'좋은 관계'란 단순히 얼마나 오래된 사이인가 하는 정량적인 기준으로 판단되지 않는다. 부담 없이 안부를 묻고 전하는 것, 맛있는 음식 앞에서 마주보며 담소를 나누는 것, 지갑의 두께와 상관없이 서로의 소중한 시간을 내어주는 것. 서로의 소소한 일상을 공유해나가는 것이다.

하지만 안타깝게도 사회인이 된 이후 바쁘고 피곤에 지쳐 개인적 평온에 집중하는 시간을 선호함에 따라, 속으로는 좋은 사람을 만나고 싶고 좋은 관계를 원하면서도 정작 가까웠던 이들을 오늘 스쳐간 사람보다도 소홀히 대하는 과오를 반복한다.

아무리 나와 가까웠던 관계라도 막연히 흘러간 시간에 비례해 돈독해지는 것이 아니라 오히려 시간에 의해 언제든 산화될 여지가 있다. 친한 사이란 단순히 서로에게 익숙해짐으로써 가능한 것이 아니라 무엇을 불편해하는지 잊지 않는 존중을 토대로 한다. 관계는 언제든 필요에 의해 시작되고 연결될 수 있지만 존중이라는 서로의 노력 없이는 쉽게 부식되고 절단되곤 한다.

특히 사랑하는 연인을 보면 모두가 만남의 순간부터 당연하다는 듯 관계의 영원성을 약속한다. 그러나 그 영원성은 단순한 '선언'일 뿐 서로의 부단한 노력 즉 '존중' 없이는 오직 희망으로 매번 끝나버린다. 그래서 관계가 철사로 이어진다고 비유하면, 얼마나 긴 철사를 서로 뽑아내느냐가 중요한 것이 아니다. 아무리 긴 철사도 몇 번 구부리고 펴기를 반복하면 뚝 잘리기 마련이다. 그건 관계에서 의미 없는 잦은 마찰을 경계해야한다는 경고와 같다. 그러나 철사를 천천히 구부리고 굽힌 부분에 접착제를 붙여가며 또 접다보면 더 이상 구부리기도 힘든 상태까지 겹겹이 두꺼워진다. 이처럼 존중을 바탕으로 끊임없이 서로를 포개는 노력만이 관계의 지속을 가능케 만든다. 그래서 누군가에게는 사랑이 매번 뚝 잘리는 가느다란 철사 같겠지만, 다른 누군가에게는 그 무엇이라도 견디고 버틸 수 있는 단단한 철근이 된다.

각자가 체감하는 수백 톤의 삶의 무게 속에서도 기꺼이 상대의 고통을 적극적으로 돌봐주며 단단하게 연결된 커플들을 보면 한 가지 공통점이 있다. 관계가 지속되기는 불가능하다고 비관하고 서로의 부족한 면에 아쉬워하기 전에, 이 세상에 의지할 사람은 오직 둘이라는 결속으로 함께 연대하며 질긴 믿음을 발휘한다는 것이다. 그들은 선택한 믿음에 대해 의심하기보다 근성을 다해, 무엇도 자랄 수 없다던 척박한 땅에 사랑의 뿌리를 내리고 어떻게든 꽃을 피워 자신들이 옳았음을 증명한다.

애정, 애착 그리고 집착

정신의학자 존 볼비John Bowlby는 동물의 각인(갓 태어난 오리가 처음 보는 물체를 어미로 착각하여 유대감을 느끼는 것)과 같이 인간도 엄마에게 의존상태에 빠진다는 '애착이론attachment theory'을 발달시켰다. 그는 숨만 쉴 수 있는 아기는 무력한 존재이므로 본능적으로 자신의 엄마를 곁에 두려고 하며 엄마는 자신을 필요로 하는 저 무력한 존재를 보살피려 한다는 데서 애착이라는 정서적 유대감이 서로 반응하도록 세팅되어 있다고 보았다. 그리고 어린 시절 엄마에게 받은 관심과 가정에서 겪은 실망 경험은 평생 타인과의 관계에 영향을 끼친다고 주장했다.

아무리 많은 콘크리트를 부어도 안정적인 기초가 준비되어 있지 않다면 언제든 건물이 흔들리고 끝내 무너질 수 있는 것처럼, 어린 시절의 정서적 토대는 개인의 사회성 특히 개인과 개인의 관계 형성에 가장 큰 영향을 끼친다.

볼비는 애착의 종류를 '안정된 애착'과 '불안한 애착'으로 나누었는데, 타인과 관계를 맺는 것에 어려움을 겪는 사람들 특히 유난히 짧은 연애만 하는 사람들은 공통적으로 불안한 애착이라는 특징을 가진다.

우선 불안한 애착은 크게 3단계를 거쳐 형성된다. 아이는 엄마가 자신 곁에 없음을 느끼고 항의하듯 사라진 곳을 향해 울기 시작하고, 절망하다가 괴로움을 잊는다. 그리고 나중에 엄마가 곁에 와도 회피하게 된다. 이런 어릴 적 감정의 상처는 성인이 되어 사랑하는 사람을 만나면서 두 가지 태도로 나타난다.

첫째, '불안형 애착'으로 상대의 부재에 극도로 불안해하고 일거수일투족을 확인하며 강한 질투심으로 더 이상 좁혀지지 않는 서로의 거리를 지배하고자 하는 공격적인 성향을 보인다.

둘째, '회피형 애착'은 작은 갈등도 극도로 싫어해 항의보다는 차라리 거리 두기를 선택하며 무엇보다 개인의 시간과 공간을 중시하기 때문에 관계의 긴밀함을 평가절하한다. 사랑하는 사람의 정중한 부탁과 요청까지도 마치 자신을 길들이기 위한 꾸짖음인 양 여기고, 스스로는 개인주의적인 사람이라 말하지만 정작 이기주의와 구분하지 못하며 왜 자신이 누구보다 방어적인 태도를 보이는지는 평생 감지하지 못한다. 그들의 무정하고 무심한 태도 때문에 시간이 지나면 상대가 먼저 지쳐 떠난다. 그렇다고 해서 이런 회피형 애착을 보인 사람들이 상대를 사랑하지 않는 것은 아니다. 오직 홀로 가슴속으로만 심려할 뿐이다. 흔들리는 자신의 모습을 싫어한 나머지 어떠한 바람이 불어오든 파도를 일으키지 않겠다는 냉정한 평정심으로 온 바다를 얼려버린 것처럼 말이다.

분명 안정된 애착은 연인관계에서 서로를 강렬하게 끌어당기는 촉매가 된다. 상대의 부재 속에서도 독립적인 안정감을 느끼는 사람은 애정을 잘 유지하지만, 어떤 상황에서도 상대성을 부정하며 인정하지 못하는 사람은 어떤 방법을 써서라도 타인에 대한 집착을 드러내고 그를 소유하려고 한다. 특히 불안한 애착을 가진 사람은 최초 나의 충만한 사랑을 받기에 마땅해 보이던 상대의 존재도 결국 커플이라는 관계로 종속시켜 서로를 보호한다는 목적으로 통제하기 시작한다. 그렇게 상대의 삶에 개입하기 위해 부단히 노력하며 절대 헤어지지 않는 깃 지체를 목표로 삼게 된다.

관계의 목적이 '사랑을 하는 것'에서 점차 '관계 유지'로 변질되는 순간, 애정은 집착이 된다. 그래서 이 주제에서 대해서는 다음과 같은 질문으로 애정과 집착의 확인이 가능하다.

"나는 언제든 그 사람과 헤어질 준비가 되어 있는가?"

놀랄 수 있겠지만, 당신이 그 사람을 얼마만큼 사랑하는지

보다 언제든 헤어질 각오가 되었는지가 애정과 집착을 구분 짓는다. 우리는 언제든 빗나갈 수 있는 사랑에 대해 조금 더 관대해질 필요가 있다(자신의 불안을 통제하지 못해 습관적으로 쉽게 상대를 도려내는 회피형 애착의 사람과는 다른 접근이다).

조금 더 이해하기 쉽게 설명해보려 한다. 이별에 대한 불안을 대하는 나의 태도는 주로 상대방을 대면할 수 없는 상황에서 표현되며 연락이라는 수단을 통해 표출된다. 안부와 걱정에서 그치는 확인은 애정관계를 유지하지만, 매순간 불안을 극복하지 못해 연락으로 해소하려 한다면 집착으로 봐야 한다. 상대가 누구든 자신의 몸 가까이에 두려는 인간의 원시적 소유욕구가 지나치게 강해지면 애착은 곧 집착이 되기 마련이다.

혹여 '헤어질 준비'라는 문구를 보고 짧은 생각으로 당장 이별을 해야 한다는 것으로 오해하면 안 된다. 사랑하는 사람과도 언제든지 헤어질 수 있다는 건강한 마음가짐이자, 어떤 상황에서도 상대를 잃지 않으려는 집착을 비운 '가벼움'을 뜻하기 때문이다. 이 가벼움이 결국 믿음이라는 문을 여는 데 필요한 열쇠다.

단지 이별을 두려워하는 것과 그 사람을 잃기 싫어하는 것은 분명히 차이가 있다. 관계 안에서 이별에 대한 두려움을 매번 새로운 만남으로 채우려는 사람도 있지만, 한 사람이 가진 특별함은 다른 누구로도 대체할 수 없는 유일한 것이다. 분명 사랑의 포만감은 언제라도 사랑을 상실할지 모른다는 두려움을 동반한다. 그러나 이별만은 어떻게든 막아보겠다는 그릇된 생각은 마치 나그네의 옷을 벗기기 위해 몰아치는 거센 바람 같아서 상대를 더욱 움츠리게 만들 뿐, 오직 매순간 따뜻한 사랑을 전하는 데 충실했던 사람만이 상대가 모든 유혹의 옷들을 스스로 벗고 따뜻함을 만끽하도록 만든다. 상대의 마음을 붙잡기 위한 온갖 전략적 태도들은 오히려 관계의 부작용을 야기한다. 그래서 상대의 마음을 내 곁에 붙들어두는 데는 매순간 후회 없이 최선을 다하는 사랑만큼 튼튼한 결박이 없다.

모든 것들을 물러나게 하고 지금 나의 마음을 전하는 데만 전념할 때 지금보다 소중한 순간은 없으며, 모든 행위의 이유가 사랑하는 사람의 이름 세 글자로 수렴하게 된다. 우리는 언제든 사랑하는 사람과 헤어질 준비로 지금 당장 사랑해야 한다. 비록 원치 않던 이별이 내일 당신을 마중 나오더라도 말이다.

의심에서 비롯되는 통제와 퇴행

"어디야? 뭐 해? 누구랑 있어?"

모든 연락의 시작이 상대의 동선과 행위를 파악하는 데 초점이 맞춰지는 커플들이 있다. 만나면 서로의 통화내역부터 검사하고, 심지어 상대의 핸드폰 비밀번호까지 알아야만 하는 커플들도 있다. 하지만 연애를 해본 사람들은 경험을 통해 이미 알고 있다. 처음에는 관계를 지속하기 위한 통제에 좋은 의미로 합의했어도, 시간이 지날수록 상대의 일상 속에 들어가 통제하고 싶은 것들이 생각보다 다양해지고 기준은 점차 높아진다. 그러다보니 상대에 대한 믿음이란 마음에서 우러나오는 것이 아니라 나의 검열기준에 통과했음을 의미할 뿐이다.

불안한 애착 때문에 상대를 믿지 못하는 불신은 일차적으로 나 개인의 문제지만, 관계의 갈등에서 책임을 한쪽에 전가하는 것은 부조리하다. 함께하는 관계라는 것은 서로 끊임없이 영향을 주고받으며, 만약 상대가 불확실성을 심어주는 가벼운 태도를 지속적으로 보인다면 그건 상대의 불분명함 때문이지 나의 불안 때문이 아니다. 그래서 애정과 애착을 나의 개인적 문제와 상대의 문제로 나누어서 이해하는 것이 옳다.

그런데 상대의 지속적인 노력에도 불구하고 매번 내가 의심을 멈추지 못하는 상황이라면 한번쯤 내가 누구인지 들여다볼 필요가 있다. 사실 그렇게 어렵지도 않다. 과거 내가 연애했던 사람들과도 같은 문제로 같은 대립과 논쟁이 있었는지 상기해보면 알 수 있다. 그렇게 나는 누구인가에 대해 모든 물음은 결국 '나는 어떻게 살아왔는가'를 자문해보는 것으로 시작된다.

대체로 인간은 변화보다 안정을 원하고, 불안보다 평정심을 갈망하며 살아간다. 그러나 삶은 우리가 바라는 대로 순탄하지 않다. 바다는 수시로 분노했다가 진정된다. 그 위에 떠 있는 작은 존재인 어부는 오직 스스로를 자신의 방법으로 지켜나갈 뿐이다. 여기서 나를 스스로 지키는 심리적인 방법들이 바로 방어기제이다.

그 방법들은 상황에 따라 개인의 특성에 따라 다양하게 작동된다. 연애 중 갈등상황에서 연락두절이 되는 사람, 홀로 여행을 떠나는 사람, 집에서 보내는 시간을 늘리는 사람, 술자리를 가는 사람, 주말마다 등산을 가는 사람, 시끄러운 음악 속에서 춤을 추는 사람이 있듯 말이다.

이런 방어기제는 자신을 지키기 위해 필요하지만, 유난히 자기 방어가 잦은 사람이라면 그 방어기제를 통해 그가 어떤 사람인지 알 수 있다.

수많은 자기 방어기제들 중 특히 '통제'와 '퇴행'은 자신이 사랑하는 사람을 대하는 마음을 들여다볼 수 있는 척도다.

우선 통제는 말 그대로 나의 불안을 줄이고 갈등을 해소하기 위해 상대를 조정하고 이용하려는 시도다. 보통 통제적 방어기제가 높은 사람들의 경우 상처 받기를 유난히 거부하는 특징이 있다. 그래서 자기 주장과 방식을 타인에게 강요하는 성향이 강하다. 부모가 약자인 자녀에게 자신을 따르길 강요하는 것 또는 상대가 자신을 더 많이 사랑한다는 유리한 위치를 활용해서 자신이 원하는 대로 상대를 바꾸려는 것처럼 말이다. 통제는 처음에는 간섭에서 강요로, 심지어 폭력으로 이어질 수 있다.

부정적 퇴행은 어린애 같은 모습으로 변하는 것을 뜻한다. 우리 모두는 살면서 퇴행적 태도를 보일 때가 있지만 이것이 심해지면 상대에 대한 사랑보다 자신의 불안을 먼저 느끼고 상대를 의심하며 확인하는 데 소중한 시간을 할애한다. 주로 과거 이별에서 버림을 받은 경험이나 결혼 후 외도한 상대방을 증오하고 분노한 경험들이 치명적 상처로 남아, 자신의 감정을 제어하지 못하고 심리적 불안정이 장기간 연장되는 것이다. 자신 말고는 누구도 믿지 못하고 자신의 마음이 상대에게 가는 만큼 더욱 불안해하며 상대를 부정적 의심으로 대하는 등 스스로 최악의 시나리오를 상상하고 결국 비참한 이별을 반복한다.

요컨대 믿지 못해 통제하고 완전히 통제가 불가능하니 퇴행하는 것이다. 이런 방어기제는 잠시 자신의 불안을 감춰줄지는 모르지만 장기적으로 불안이라는 불씨를 더욱 키움으로써 자신도 잡아먹히고 사랑하는 사람까지 상처를 입히고 만다. 심한 경우 동반자살같이 치명적인 결과로 치닫기도 한다. 또는 상처 받지 않기 위해 차라리 자신을 아프게 하는 모든 것을 도려내고 "어쩔 수 없잖아"하는 합리화로 관계를 재빨리 정리한다.

습관적으로 작동하는 방어기제는 자신에게 필요한 중요한 사람들을 결정하는, 우선순위를 판단하고 조정하는 능력을 결여시키고 만다. 이렇게 사랑의 경험을 지나치게 자기중심적으로 대할수록 한 인격체로서의 성장은 고착되어버린다. 그 누가 상대를 옭아매는 폭력적 관계를, 도마뱀 꼬리 자르듯 가벼운 사랑을 원할까.

욕망과 사랑

아름다운 꽃을 품은 정원 중간쯤 들어선 당신. 눈앞에 원형 교차로가 있다. 총 여덟 갈래의 길이 있는데, 다른 곳들은 평범한 돌 블록을 이어 만든 길이지만, 한 곳만 유달리 반짝거리는 유리 블록과 새빨간 장미들이 길가를 수놓았다. 그리고 그 앞에는 작은 푯말이 하나 있다. "절대 들어가지 마시오."

당신은 과연 이 화려한 길을 쉽게 포기하고 경고문을 따라 순순히 다른 평범한 길을 선택할 수 있는가? 보이지 않는 길 끝에 도대체 무엇이 있을지 호기심과 두려움이 교차하고 온 신경이 곤두세워진 상태에서 미혹해지기 마련이고, 들어가보고 싶다는 마음, 바로 '욕망'이 점점 뜨겁게 끓어오를 것이다.

여기서 왜 욕구도 아니고 요구도 아닌 '욕망'이라는 단어를 썼을까. 이 셋 모두 '결핍'으로 인해 시작되기는 하지만 그 의미는 분명히 다르다. 정신분석학의 창시자 프로이트Sigmund

Freud를 계승한 프랑스의 유명한 정신의학자이자 철학자인 라캉Jacques Lacan은 욕구need는 '생물학적 욕구'로, 요구demand는 '사랑의 요구'로, 욕망desire은 '타자의 욕망'으로 구분했다. '욕구'는 말 그대로 자연 존재인 인간에게 필요한 식욕, 수면욕, 성욕 같은 구체적인 바람이며, 그것을 획득하고 해소함으로써 욕구는 소비되고 순간의 만족을 느낀다. 그러나 '요구'는 이중적이다. 나라는 1인칭뿐만 아니라 2인칭 타자에게 인정이 함께 요구된다. 마치 아기가 우는 것이 자신의 욕구를 알리는 동시에 엄마라는 대상에게 사랑도 함께 요구하는 것과 같다. 그러나 우리도 알다시피 인정을 요구받는 타자 역시 인정을 요구하는 결핍된 타자이기에 이 둘 간의 동등한 충족은 사실상 불가능하다. 이렇게 서로 절대 채울 수 없는 요구의 잔여물이 바로 '욕망'이며, 이러한 이유로 인간의 욕망은 절대 충족될 수 없는 한계를 가진다.

인간의 욕망에 대해 이해해야 하는 가장 큰 이유는 바로 우리 모두가 사랑을 하면서도 사랑을 원하고 또 사랑을 주는 만큼 받기를 요구하는 욕망을 가진 존재이기 때문이다.

우선, 인간의 욕망은 무언가 할 수 없는 상황인 무기력 즉 금지로부터 시작된다. 인간이 경험하는 첫 금지는 어머니의 젖을 더 이상 허용하지 않는 것이다. 구강기 아이의 첫 쾌락은 바로 어머니의 젖꼭지이며, 그 최초의 쾌락에 대한 금지 또한 젖꼭지인 셈이다. 이렇게 어머니와의 합일이 실패하고 금지됨으로써 인간의 욕망은 숨처럼 체화된다. 금지로 인해 결핍이 발생하며 결핍으로 인해 갈망이 생겨난다. 따라서 우리는 금지 이면에 보이지 않는 쾌락이 있다고 믿게 된다. 그래서 "절대 들어가지 마시오"라는 푯말 앞에서 평범함을 넘은 환상을 품게 되는 것이다. (만약 이 책의 제목이 "절대 보지 마시오"였다면 어땠을까.)

이렇게 인간은 죽기 전까지 평생 무언가를 끊임없이 갈구한다. 그 대상이 무엇으로든 교환할 수 있는 돈이든, 뜨거운 끌림으로 시작해 타인의 허락이 필요한 사랑이든, 혹은 신의나 용서든, 갖지 못한 가치들에 대한 끝없는 욕망의 근원이 바로 금지라고 하겠다.

또한 마침내 내 것이 되었다는 소유에 대한 만족은 언제나 끝이 아닌 또 다른 소유욕을 예고한다. 어린 시절 간절히 갖고 싶던 새 신발을 사러 가는 발걸음이 얼마나 가벼웠던가. 엄마의 손을 부여잡고 앞장 서서 끌고 가다시피 한 소년은 그토록 원하던 새 신발을 샀다. 처음에는 혹여나 더럽혀질까 흙먼지가 일어나는 운동장에서나, 비 오는 날은 신지도 않고 아꼈다. 그러나 일 년이 지난 후에는 또 새 신발을 사러 갈 마음에 설레게 마련이다. 이처럼 소유는 기존의 결핍을 일시적으로 해소시키지만 새로운 것에 대한 소유욕은 여전히 건재하다. 더욱이 단순한 물건이 아니라 특별한 의미를 부여한 대상에 대한 소유욕은 결코 해소되지 않는다.

중요한 건 상대방에게 바라는 마음인 요구도 이와 같다는 것이다. 우리는 타인에게 바라는 욕망을 제거할 수 없는 운명을 가지고 태어났다. 그래서 라캉은 "요구가 만족 속에서 뭉개지면 필히 욕망을 죽이게 된다"라고 말했다. 이 말인즉 욕망이라는 언제든 돋아나는 갈증을 없애기 위해서는 우선적으로 타인에게 요구하는 인정 즉 사랑 그 자체에 내가 만족할 줄 알아야만 한다는 것이다. 내가 상대에게 기대하는 사랑이 강렬할수록 불만족 속에서 욕망은 커지기 마련이지만, 만약 상대를 위한 사랑에 오롯이 집중할 수만 있다면 주는 만족 속에서 욕망은 점차 사그라지고 진정될 수 있기 때문이다.

마지막으로 라캉은 우리에게 질문을 던진다.

"당신이 욕망하는 것이 진실로 소망하는 것인가?"

평생을 함께할 것 같던 사랑이 연기처럼 사라지고 유일한 친구라던 우정이 떠나는 경험을 하게 되어 우리 세상에 정말 '영원히' 존재하는 것이 있는지 의심하고 두려워할 때, 라캉의 말은 참 의미가 있다. 바로 '영원'이 우리의 욕망에 투영된 허상임을 일깨워주기 때문이다. 그래서 사랑을 대하는 나의 욕망은 '영원'이라는 기대도 선언도 요구도 아닌 '지금 당장'의 실천으로만 충족될 수 있다.

"사랑했어"는 존재하지 않는 과거의 욕망이고, "사랑하고 싶어"는 존재하지 않는 현재의 욕망이다. "사랑할 거야"는 존재하지 않는 미래의 욕망일 뿐이다. 그래서 오직 지금 "사랑해"라고 표현하는 순간만이 우리가 실존existence하며 실재reality가 되는 유일한 순간이 된다.

나의 '개성화'와 우리의 '관계'

역사적으로 지금처럼 커다란 '자유'를 누린 시절은 없었다. 과거와 달리 '개성'을 인정받으며 남들과 다르고 싶다는 욕구를 마음껏 발현할 수 있는 시대가 도래한 것이다. 그리고 이렇게 개인의 개성화individuation를 요구하는 현대에서는 사랑의 방식 역시 개성적이고 자유로워지는 것을 피할 수 없다. 특히 독립된 개인과 개인이 만나 긴밀해지는 사랑에서 각자의 개성은 그 관계의 지속기간을 결정할 만큼 중요한 사항이 된다. 과도하게 개성화에 집중하는 사람일수록 연인 사이의 애정을 형성하는 긴밀한 관계에 반하는 태도를 견지하기 쉽다.

어두운 클럽에서 한눈에 반했든 SNS를 통해 극적으로 만났든, 사랑은 만남의 장소와 상관없이 서로에 대한 강렬한 끌림으로 태동하곤 한다. 그리고 서로의 마음을 확인한 둘은 손을 맞잡고 연애를 시작한다. 이렇게 커플이 되어 처음 떠난 여행은 여행 전날까지의 설렘과 가는 동안의 즐거움 속에 따분함은 비집고 들어올 여유조차 없다. 해는 커플을 위해 눈치 빠르게 일찍 퇴근하고 온 촉각을 발동시키는 밤이 찾아와 결코 잊지 못할 탐미를 허락한다. 이 커플은 평생의 짝을 마침내 만났다는 놀라움과 황홀함으로 마비되고 그 여운은 쉽게 가시지 않는다.

그러다가 누군가 먼저 황홀경의 마비에서 풀려나 현실의 불을 밝힌다. 지금까지 잠시 미뤄두었던 회사, 가족, 친구라는 관계 속에서 '나'를 점점 찾아가기 시작하고 이렇게 먼저 현실로 돌아온 한 명의 직시는 결국 다른 상대를 서운하게 해 그도 현실 속의 자신을 찾아가고자 서두른다.

처음 커플이 되었을 때는 오직 둘밖에 보이지 않던 세계에서 눈을 돌리면 서로에 대한 기대와 현실의 괴리는 자연스레 선명해지고 만다. 한 걸음씩 서로 물러선 두 사람은 전보다 많은 것을 보게 되고 점차 상대의 단점을 파악하며 그에 대한 서운함과 실망감이 늘어간다. 무엇보다 서로의 매력을 흠뻑 느끼게 만든 호르몬(도파민, 뉴트로핀)이 최대로 분비되는 30개월이 지나면 익숙한 반복은 어느덧 소홀함을 낳기 때문이다. 혹여 새로운 상대를 만나면 이전과는 다를 것이라 또다시 시작을 해보지만 결국 연애의 과정은 이별의 시점이 다를 뿐 매번 같은 프로세스로 반복된다.

특히 사랑하는 남녀 사이라도 공동의 공간에서 생활하게 되면 자아를 드러내는 개성화는 점차 제약받게 마련이고, 종종 이로 인한 갈등이 발생한다. 예를 들면 어느 날 남자는 외출 후 돌아와 양말을 벗어던지고 바로 소파에 누워 텔레비전을 켠다. 여자는 그 양말을 정리해 한쪽에 포개놓으며 말한다. "양말 좀 세탁기에 바로 넣어." 남자는 과거에는 아무렇게나 벗어둔 양말도 그냥 치워주던 그녀가 조금 있다가 치우면 된다는 자신을 자꾸 다그치자 서운해하고, 반면 여자는 바로 정리하자는 부탁을 오랫동안 해왔음에도 전혀 변하지 않는 그의 모습에 크게 실망한다.

도대체 이 둘 사이에 무엇이 문제일까? 중요한 것은 이 둘 사이에서 사랑이라는 가치가 변화한 것이 아니라, 사랑하는 사람을 대하고 바라보는 '관점'의 차이가 발생했다는 사실이다. 양말을 아무 곳에나 던지는 행위를 바라본 여성은 이 문제를 두 사람 공동의 문제로 여기지만, 평소처럼 자신의 편의대로 양말을 던저놓은 남성은 오직 나만의 문제로 치부하기 때문에 이런 갈등은 지속적으로 생기기 마련이다. 즉 남성은 자신의 방식만 끝까지 고수하는 것이 '개성화'라고 오해하며 그 부작용인 '이기심'의 투영으로 갈등을 야기하고 있는 것이다.

"너는 너, 나는 나, 우리는 그 누구의 소유도 될 수 없으며 무엇을 하지 말라 할 권리는 없다"며 어떤 상황에서도 개방적인 개성화를 우선한다면, 연인 간 애정관계를 매우 비관적인 미래로 끌고 가려는 고백과도 같다. 물론 모든 관계라는 것은 서로의 개성을 존중한다는 전제에서 시작되지만 연인이라는 각별한 관계의 시작에는 그보다 중요한 규칙이 하나 존재한다. 즉 서로가 함께 지켜나가야 하는 공동의 조건이 제안되고 수용하며 충족되어야 한다. 일부 개성화가 강한 사람들은 이런 규칙이 서로를 믿지 않기 때문에 불편한 제약을 만들어가는 것이라며 무조건 반대할 수도 있다. 그러나 믿음은 상대가 그래줄 것이라는 막연한 기대가 아니라 반드시 상대의 결단과 증명이 있을 때 체결된다. 그 결단이 정확히 전해져야만 신뢰가 차곡차곡 쌓인다.

두 사람의 관계에서 자신을 지키려는 개성화를 어느 수준까지 허용해야 할지 합의점을 찾기 어려운 것은 사실이다. 그러나 서로가 공동의 규칙을 만들어 실천해가려는 적극적인 참여를 통해 신뢰를 형성한 견고한 관계는 서로의 개성화를 치명적으로 해치지 않으며 다름을 인정할 줄 아는 성숙함을 지닌다.

사랑은 양날의 검

사랑을 해본 사람들은 한번쯤 이런 생각을 한다. 열심히 사랑을 했는데 남는 것은 혼자뿐인 이별이더라. 그 사람에게 온 힘을 다해 잘해주었는데 결국 남는 것은 상처뿐이더라.

사랑에 더 큰 거부감을 가지기 전에 글 하나를 소개한다.

옛날 바닷새가 노나라 교외에 날아와 앉았다. 노나라 임금은 이 새를 친히 종묘 안으로 데리고 와 술을 권하며, 아름다운 궁궐의 음악을 연주해주고, 좋은 음식으로 대접하였다.

그러나 새는 어리둥절해하고 근심과 슬픔에 잠겨, 고기 한 점 술 한 잔 먹지 않은 채 사흘 만에 결국 죽어버렸다.

이것은 사람을 기르는 방법으로 새를 기른 것이지, 새를 기르는 방법으로 새를 기르지 않은 것이다.

_《장자莊子》, 〈지락至樂〉 편

이 이야기에서 분명 노나라 임금은 새를 진심으로 사랑했다. 그 진심은 임금이 할 수 있는 최선을 다한 과정 속에서 찾을 수 있다. 그러나 오히려 그의 진심과 노력이 새를 죽음에 이르게 만들어버렸다.

이제 곰곰이 생각해보자. 정말 우리는 그때 그 사람에게 최선을 다해 사랑을 했던가? 혹시 내 방식대로의 최선을 '진심'이라는 이름으로 상대에게 강요한 건 아니었을까.

어릴 때 시장에서 파는 작은 선인장을 하나 산 적이 있다. 난생처음 그 생명을 끝까지 책임져야 한다는 사명감에 가득 찼다. 한여름 갈증으로 혹여나 마르진 않을까 걱정하며 충분히 물로 적셔주었고 꽃을 피우길 바라며 매일 물주는 것을 잊지 않았다. 그때 난 분명한 확신이 있었고 절대 의심하지 않았다. 일주일이 채 지나기도 전에 밑뿌리가 썩고 악취가 나더니, 단단하던 선인장은 물러 터져 끝내 죽어버렸다. 한 모금의 물만으로도 일주일을 살 수 있다는 건 뒤늦게야 알았다. 오래 함께하고 싶던 선인장이 죽어버리자, 나는 다시는 꽃을 키우지 않겠다고 다짐했다.

물론 우리도 매번 사랑을 할 때 선인장을 돌본 소년처럼 정말 최선을 다했을 것이다. 그러나 내가 준 사랑을 끝내 상대에게 인정받지 못한 경험 때문에 사랑을 심은 화분에 소홀함이라는 잡초와 불편함이라는 곰팡이까지 키우지 않았을까. 사랑의 실패를 전부 나의 노력을 모르는 타자에게 전가하고, 애초에 나와 인연이 아니었다며 이뤄질 수 없던 운명으로 결론 내고, 사랑은 움직이는 거라며 새로운 끌림을 쫓지는 않았는지 생각해본다.

사실 사랑은 우리가 생각하는 것만큼 '열심히'나 '최선'이라는 단어와 어울리는 것은 아닐지도 모른다. 저 선인장을 물을 주던 내 손으로 직접 죽였듯, 사랑의 이면에는 '폭력'이 숨겨져 있을지 모른다.

사랑은 마치 무사의 칼과 같다. 무언가를 지킬 수 있는 막강한 힘을 가졌지만 무엇이든 베어버릴 수 있는 폭력성 그리고 오직 나를 지키기 위해 상대를 죽일 수도 있는 잔혹성까지. 그렇게 우리가 평생 갈구하는 사랑은 나와 상대를 모두 극적으로 살릴 수 있지만 서로를 비참하게 죽일 수도 있는 양면성을 가지고 있다.

집착을 대하는 자세

때로 그 누구의 말도 귀담아듣지 않게 되는 순간이 있다. 내 마음속에 떠오르는 생각만이 진실이라 믿기 때문이다. 이처럼 어떤 것에 마음이 쏠려 있는 집착의 상태는 유아론唯我論에서 기원한다. 유아론이란 오직 나만이 존재한다고 여기는 것이다. 오직 나의 의식과 마음만이 실제라고 믿으며 철저하게 타자를 배제하는 도덕적 이기주의인 셈이다.

유아론을 "나는 나의 세계다"라고 표현한 철학자 비트겐슈타인Ludwig Wittgenstein은 문의 비유를 사용했다. 어떤 사람이 방 안에 있는데 밖으로 나가려 한다. 문은 손잡이를 잡아당겨야 열리는데, 그가 문을 밀기만 한다면 결코 방 밖으로 나갈 수 없다. 그는 다른 방법들을 숙고해보지만, 문은 밖으로 밀어야 열릴 것이라는 생각을 포기하지 않는다면 절대 이 상황을 해결할 수 없다는 것이다.

이처럼 유아론은 자신의 생각 속에 갇혀 있는 상태와 같다. 그러면 대체 이런 유아론적 사유는 왜 생기는 것일까? 바로 '경험' 때문이다. 분명 직접 눈으로 확인했다는 제한된 사실과 확신 때문에 의식이라는 감옥 속에 갇히게 된다. 문을 밀어 열었던 과거의 경험들이 '문은 무조건 밀어야 열린다'라는 믿음을 고수하게 하고, 이는 맹신이 되어 다른 새로운 생각을 절대 허용하지 않는다.

생각해보면 우리가 나이가 들수록 점점 고집이 세지고 보수화되는 이유는 주변에서 아무리 좋은 조언을 해주어도 결국 내 결정에 따라 스스로 모든 책임을 감내해야 함을 겪었기 때문이 아닐까. 내가 선택한 경험들의 축적들이 앞으로 어떻게 생각하고 어떤 이성적 판단을 내려야 하는지에 대한 중요한 의식의 토대가 되어가기 마련이다.

그런데 자신의 경험에만 지나치게 의존하다보면 유아론에 빠지는 부작용이 있지만, 경험의 한계를 충분히 인지하고 적절하게 경험적 학습을 이용한다면 자신을 성장시키고 보호하는 데 기여하게 된다. 예를 들면 최초의 이별을 대할 때의 충격과 비탄은 실로 엄청나다. 사랑하는 사람을 다시 볼 수 없다는 슬픔 그리고 잘해주지 못했다는 자괴감에서 쉽게 헤어나오지 못한다. 그러다 점차 이별 경험이 축적되면 '이별'에 대한 어떤 통찰력을 가질 때가 오듯 말이다.

때론 이별을 인정하지 못하거나 타인의 죽음을 끝까지 받아들이지 못하는 등 '집착'에 매몰되는 사람들을 목격한다. 어쩌면 그들에게 가장 필요한 건 감상적인 위로나 힘을 내라는 말이 아니라 스스로 현실을 깨닫는 자각과 현상을 찬찬히 살펴보고 사유하려는 능동적인 통찰력이리라. 이것이야말로 헛된 것에 쏠려 있는 마음인 '집착'을 극복하는 데 무엇보다 중요한 재생능력이 된다.

중국의 학승 도략道略이 편집한 《잡비유경雜譬喩經》에 이런 이야기가 있다.

어느 날 인도의 끼사 고타미라는 여인이 부처님을 찾아온다. 힘겹게 낳은 아들이 병들어 죽어버렸는데, 그 여인은 현실을 인정하지 못한 채 죽은 아들을 업고 약을 구하러 온 동네를 다니다가 결국 부처님 앞에까지 찾아온 것이다. 그러고는 자신의 아들을 살려낼 약을 구해달라고 애원했다. 그러자 부처님은 "마을에 가서 지금까지 사람이 죽어나간 적이 없는 집을 찾아 겨자씨를 얻어 오면 아들을 살려주겠다"고 약속했다. 여인은 어둑어둑해질 때까지 돌아다녔지만 결국 겨자씨를 얻지 못했다. 겨자씨는 어디에든 있었지만 사람이 죽지 않은 집은 단 한 곳도 없었기 때문이다. 그때 비로소 여인은 깨달았다. '죽음이란 누구에게도 피할 수 없는 것이구나.'

그녀가 아들의 죽음을 받아들이지 못하는 마음이 집착이다. 여기서 사랑하는 아들의 죽음은 '겨울'과 같다. 다만 생각보다 급작스레 찾아온 불청객 같은 것이다. 그녀의 집착은 내일이라도 죽음이 다가올 수 있다는 사실을 인정하지 못했기에 생겨났다.

이처럼 이별 뒤에도 이별을 인정하지 못하고 계속 집착하는 이유는 내일도 당연히 상대가 내 곁에 있을 거라는 막연한 기대 때문이다. 태어남과 동시에 죽음이 시작되고, 사랑의 시작과 함께 이별도 동행한다는 진리를 무시한 것이다. 집착은 나만의 세계에 나를 가두는 감옥 그 자체라서 스스로를 고통의 늪으로 자꾸 끌어당기며 점점 옥죈다.

겨울 바람은 수시로 거셀 것이고, 비는 짓궂게 쏟아지고, 눈은 모질게 나무를 뒤덮으려 할 것이다. 이때 나무가 할 수 있는 유일한 일은 고작 '봄'을 기다리는 것뿐이다. 그동안의 힘들었던 경험들을 회고하며 '별것 아니야' 하고 현실과 마주하고 내 안의 나를 직시하며 집중해보는 것이다. 이것이 바로 통찰력이다. 나를 들여다보면 그 집착의 본질과 마주할 수 있다. 다만 우리가 애써 회피하고 부정하려 하기 때문에 정작 봄이 찾아와도 계속 겨울이라고 느끼는 것이다. 모든 계절들은 바로 내 마음속에 있다.

그 어떤 책에도 당신을 집착에서 구해줄 수 있는 정답은 없다. 그 어떤 타인도 당신의 고통을 덜어줄 수 있는 사람은 없다. 마치 살기 위해 담담히 해골 물을 마시던 원효대사처럼 '모든 것이 내 마음에서 나온다一切唯心造'는 마음을 가질 때 비로소 나라는 주체는 그 고통과 당당히 마주할 수 있으며 별것 아니라며 툭툭 털어낼 수 있다. 그리고 초연하게 앞으로 나아갈 수 있다. 그러니 부디 잊지 말자. 당신의 마음이 온 우주이며, 봄이고, 또 모든 변화의 시작이라는 믿음을 말이다.

4부

사랑에 빠진 남녀의 뇌。

•• 화성에서 온 남자, 금성에서 온 여자? ••

우리가 보통 사랑이 '어렵다'고 느끼는 이유는 수많은 고민과 노력에도 불구하고 진짜 현실은 예측이 불가능하거나, 허무할 정도로 생각과 다르다는 것을 경험했기 때문이다. 이런 대중의 불안을 파악한 각 분야의 저자들은 '사랑'에 대한 책을 끊임없이 서점에 내놓는다. 그중 하나가 바로 1992년 미국에서 출간된 이래 세계적으로 선풍적인 인기를 끈 존 그레이John Gray 박사의 《화성에서 온 남자, 금성에서 온 여자Men are From mars, Women are from Venus》이다.

책의 제목처럼 그레이 박사는 "남자와 여자는 다르다"라는 간결한 추론으로 시작한다. 남자는 화성인 여자는 금성인, 도저히 소통할 수 없는 생명체로 구분한 그는 본래 남녀의 언어와 성향은 선천적으로 다를 수밖에 없다고 규정한다. 이런 대담한 추론은 일부 과학적 근거를 뒷받침하며 그 어떤 설명보다 쉽고 간결하게 독자들에게 다가간다.

이와 같은 논리의 연애지침서의 성공은 의외로 사랑과 이성을 대하는 우리의 태도에 막강한 영향력을 끼친다. 이런 지식과 정보로 연애와 사랑에 대한 이해를 채운 사람들은 상대방과의 차이를 인정하고 서로의 관심을 끌 수 있는 요령을 터득하는 데 성공하지만, 사랑의 본질을 파악하거나 나와 상대를 제대로 이해하는 데는 실패하게 마련이다. 남녀란 함께 화합하기보다는 서로 달라서 이질적일 수밖에 없다는 확신이 집단무의식으로 자리 잡게 된다.

그러나 연애를 해본 사람들은 알 것이다. 커플이 생각을 주고받는 과정에서 남자와 여자는 다르다고 습관처럼 말하는 상대는 애초부터 상호 합의를 포기하게 만든다. 남녀관계가 장기적으로 발전하는 데 한계를 긋고 끝내 조화로운 사랑에 대한 불안과 두려움을 더욱 증폭시킬 뿐이다.

화성인도 금성인도 아닌 지구인

왜 남녀 간의 암묵적인 대립론이 그토록 환영받은 것일까? 양성 간의 대립은 그 어떤 설명보다 아주 간단하게 상황을 정리해주기 때문이다. 남자와 여자가 신체적·유전적으로 다르다는 것은 그 누구도 부정하지 않는 사실이며, 현재의 상황에서 도저히 해결할 수 없는 대부분의 갈등을 남자와 여자의 차이 탓으로 돌려버리면 편하기 때문이다. 남과 여라는 성별 때문에 다른 것이 아니라 오직 개인과 개인이 다를 뿐이라는 사실을 무시하고, 지속적인 교정관계를 구축하고 공동의 노력을 이끌어야 한다는 가정과 수고까지 미리 제한시킨 것이다.

여자들은 남자를 보자마자 대번에 달아오르지 않는다. 하지만 남자는 다르다. 남자는 처음부터 바로 성적인 열정을 느낄 수 있다. 남자들의 전송체계는 여자와 다르다. 남자들은 처음에 성적인 매력을 느끼고 그런 다음 그것이 애정과 관심으로 발전해간다. 반면 여자들은 먼저 관심을 갖게 되고 성적 매력을 느끼는 것은 그다음이다. (…) 여자가 처음부터 상대에게 성적인 매력을 느낄 때 그것은 분명히 경고 신호이다.

_존 그레이, 《화성에서 온 남자 금성에서 온 여자—다시 시작하는 이야기_Mars and Venus Starting Over_》(동녘라이프, 2002), 235쪽._

인용문에서 보듯 저자는 여성들이 느끼는 최초의 열정과 성적 끌림이 남성보다 반드시 늦어야만 한다는 확신을 성을 통해 구분하고 있다. 심지어 여자가 처음부터 상대에게 성적인 매력을 느끼는 것에 대해 주의를 넘어 경고까지 하면서 말이다. 정녕 그의 확신처럼 남녀의 성적 욕구는 서로 다른 반응 속도로 다가오는가? 여성은 과연 남성과 다르게 태어났을까.

2004년 토론토 대학교 성과학자 메러디스 치버스Meredith Chivers는 남성과 여성에게 다양한 사진들을 보여주고 성적 흥분 징후를 관찰했다. 그리고 남성들과 달리 대부분의 여성들은 자신이 성적으로 흥분하고 있음을 잘 느끼지 못했다고 설명했다. 이 간단한 사진 실험은 여성은 열정을 느끼는 데 남성에 비해 시간이 오래 걸리는 것으로 간주했다.

그러나 2007년 맥길 대학교의 연구원들은 과거 연구보다 정밀하게 실험을 했다. 야한 영상을 본 남녀의 음부 온도상승으로 성적 흥분 정도를 정밀하게 측정한 것이다. 이 연구는 남녀 모두 약 10분 후 흥분이 절정에 이르렀다고 밝혔다. 즉 여성의 성적 흥분 반응은 남성보다 절대 약하지도 늦지도 않음이 밝혀진 것이다.

남성이 여성보다 시각적 자극에 민감하며 빠르게 성욕을 느낀다는 기존의 가설을 반박하는 이 연구결과는 남성과 여성의 차이에 대한 많은 의견들이 과학적으로 반박될 여지가 있음을 암시한다.

대부분의 연애지침서에서 남자는 사냥꾼으로 여성을 먹잇 감으로 대한다고 묘사되며, 여자는 우직한 곰보다 여우처럼 사냥꾼의 마음을 조정하되 감정에 흔들리지 말아야 한다고 조언한다. 이러다보니 남자는 연애경험이 많을수록 능숙하고 능력 있는 사람처럼 평가받고 여자는 연애경험이 많을수록 헤픈 사람으로 치부하는 구시대적 젠더차별이 굳어지게 되었다. 오죽하면 남성들이 반드시 기피해야 하는 여성 특징 중에 해외연수를 다녀온 경험이라는 말도 안 되는 내용까지 있으니 말이다. 이런 잘못된 남녀 구분과 일반화는 일견 다른 성을 이해하기 쉽게 만들어준다고 착각시키지만, 전체적으로 보면 그릇된 사실들을 수용해 오히려 서로의 관계를 경직시키고 단절시키며 새로운 차별을 양산해낸다.

연애를 하는 소중한 시간을 남녀의 사고방식을 억지로 규정하고 분리하는 데 할애하는 것만큼 쉽고 처참한 이별을 예고하는 복선도 없다. "남자들은 다 이렇다니까" "여자들은 대체 왜 이래?" "여자들은 원래 이래, 몰랐어?"로 끝없이 갈등이 이어진다.

남녀의 대립과 구분은 우리 주변 현실 속에서도 지나치게 과장되고 또 오용되고 있다. 정말 남자와 여자의 뇌구조가 다르기 때문에 사고방식도 서로 다르다고 인정해버린다면 동일한 문제도 서로 다르게 분석해서 헤어지는 것이라 당연시하게 된다. 만약 그렇다면 같은 뇌구조를 가진 동성끼리의 사랑은 보다 완벽해야 하지 않은가. 그러나 동성애 커플도 이성애 커플과 마찬가지로 어려움에 봉착하고 헤어진다.

아직도 "남성과 여성은 달라"라고 믿는 사람이 주변에 있다면 우리는 그들에게 이렇게 말해줘야 한다. "오른손잡이든 왼손잡이든 다르지 않다. 이 둘은 주로 쓰는 손이 서로 달라서 헤어진 것이 결코 아니다"라고 말이다. 사실 우리 개개인이 가지는 '차이'는 나와 상대를 서로 더욱 뚜렷이 확인하기 위해 존재하는 것이며, 노력해서 뛰어넘을 수도 있다.

그래서 연애는 (생물학적 또는 정신적·물질적으로) 내게 없고 부족한 것을 가진 상대와 하게 되지만, 서로의 차이에도 불구하고 좋아한다는 마음 하나로 온몸으로 한계에 부딪치는 모험이며 점차 서로를 이해하고 인정하는 것으로 완성된다. 타인과 나는 분명히 다르다는 사실을 알고 있지만 어떻게든 서로의 유사함을 찾는 것을 평생 포기하지 않는 노력이다. 닮음, 즉 동질성을 찾으려는 것은 우리의 생존 본능이기 때문이다. 그러니 남성과 여성은 '너무나도 다르다'라는 암묵적 대립론으로 서로 소통할 수 있는 기회조차 단절시키려는 논리를 이제라도 극복할 필요가 있다.

그러기 위해 우리가 성숙해지려면 평생 배우고 알아가야만 한다. '안다'는 건 마치 일기예보와 같다. 일기예보를 본다고 급변하는 날씨를 정확히 예측하지는 못하지만, 비소식을 미리 알면 우산을 준비해 황망히 비를 맞는 곤란함은 피할 수 있다. 물론 '안다'는 의미는 단지 모르는 것을 새로 익히는 것뿐만 아니라, 기존에 내가 안다고 믿었던 것들을 다시 확인하고 검증하는 것까지 포함하고 있다. 그리고 무엇보다 알고 나서는 바로 행동으로 옮겨야 한다. 행동 없이는 작은 변화도 시작되지 않는다. 특히 사랑에 있어서는 더 배우고 알며 행동해야 한다. 사랑은 절대 성에 따른 선천적인 재능이 아니라, 상대를 유혹하는 기술이 아니라, 서로에 대한 배움이고 훈련이고 실천이다.

부디 잊지 않았으면 한다. 우리는 그 누구도 화성에 살지도 금성에 살지도 않으며 모두 지구라는 별에 살고 있는 똑같은 지구인이라는 것을 말이다.

이성의 매력과 호르몬의 작용

'아름다움'을 원하는 욕구는 모든 인간에게 자연스러운 것이지만 이상하게도 유독 남자들이 예쁜 여성에게 쉽게 마음을 빼앗기고 그녀를 추종한다. 본래 남성들은 이런 '외적 아름다움'에 쉽게 흔들리는 종족일까? 대체 왜 남성들은 이런 공통점을 가지게 된 것일까?

데이비드 버스는 남녀의 관심과 행동으로 나타나는 상이성 즉 서로 다른 성질이 바로 '생물학적' 차이에서 비롯된다고 가정하고 연구했다. 1990년 그는 '이성의 무엇을 가장 갈망하는가' 하는 대규모 프로젝트를 기획하고 30여 개국의 다른 국적을 가진 약 1만 명을 대상으로 설문조사를 실시했다. 20대, 30대, 40대, 50대 그리고 80대까지 각 연령대의 남성들에게 여성의 여러 기준(정신적·육체적 기준) 중 가장 중요시하는 순서대로 순위를 매기도록 해 대답을 얻었다. 그 결과는 우리의 예상과 크게 다르지 않았다. 하나같이 '아름다운 20대 여성'을 원했기 때문이다. 남성에게 20대 여성은 젊음과 생명력이 있는 대상으로, 피부가 탄력 있고 입술이 두툼하며 머릿결이 윤기 흐르는 생기 있는 여성을 뜻했다.

특히 남성들은 20대 여성들 중에서도 유독 콜라병 몸매를 선호하는 등 취향이 일치했는데, 이는 2004년《영국왕립학회보*Proceedings of the Royal Society B*》에 실린 연구결과를 통해 설명될 수 있다. 풍만한 가슴과 엉덩이, 잘록한 허리를 가진 여성이 생식 능력도 높다는 것이다. 폴란드 야기엘로니안대 연구팀이 여성 100여 명의 타액 샘플을 채취해 분석한 결과 허리에 비해 엉덩이와 가슴 둘레가 큰 여성이 그렇지 않은 여성보다 여성호르몬인 에스트라디올 수치가 평균 26% 높았고, 월경주기 동안에는 최대 37% 더 높았다. 에스트라디올 수치가 높을수록 임신하려고 할 때 성공 가능성이 높다.

그러나 우리가 역사책에서 보던 구석기시대 빌렌도르프의 비너스 조각상이나 고대 그리스 미의 여신인 아프로디테 그림들은 현재의 미와는 거리가 먼 풍만한 몸매로 묘사되어 있다. 이에 대해 1990년대 초 캐나다의 사이먼프레이저 대학교의 연구팀은 뜻밖의 결론을 냈다.

연구팀이 62개의 각기 다른 문화가 지닌 '미의 이상'을 조사한 결과, 날씬함을 보편적인 여성의 미로 여기는 생각은 일부 문화에서만 나타났다. 전체의 절반은 뚱뚱한 여자를 더욱 매력적이라고 했으며, 일부는 마른 여성을 선호하기도 했다. (실제 지금 서구의 미적 기준대로 늘씬한 여성을 아름답다고 여기는 문화는 오직 20%에 그쳤다. 한국은 그 20%에 들겠지만.)

그런가 하면 텍사스 대학교의 심리학자 디벤드라 싱Devendra Singh은 남성들이 여성의 콜라병 몸매를 선호하는 것은 유전적인 이유보다는 사회적 선호일지 모른다고 주장했다. 보통 허리가 날씬하다면 복부에 지방이 적은 것이며 이것은 다른 사람들보다 심장질환 및 당뇨 같은 질병에서 유리한 건강한 몸매임을 이미 알고 있기 때문이라는 것이다. 즉 날씬함이 건강하다는 보편적 기준에 따른다는 것이다.

이 모든 연구결과를 종합해서 정리하면, 문화권에 따라 차이는 있지만 대부분의 남성들은 젊고 건강한 여성을 선호하며 그 이유는 가임 능력을 최우선으로 하는 보편적인 선호 프로세스가 뇌 속에 잠재해 있기 때문이다. 이런 남성들의 편중된 외적 취향에 대해 진화심리학은 이 모든 특성이 석기시대부터 생겨났으며 수천 년이 지난 지금까지도 영향을 끼친다고 설명한다. 인간의 진화가 과거 생존에 가장 중요했던 관습까지 잘라버리는 것은 아니라는 것이다.

그러나 남성의 뇌가 아직도 과거에서 벗어나지 못하고 있다고 해서 이성 또한 이대로 머물러야만 할까. 남성들은 "예쁨이 비록 오래가지는 못하지만, 못생기면 한 걸음도 가지 못한다"는 말로써 여전히 자신의 퇴행성을 정당화한다. 이는 외적인 면에 쉽게 현혹되는 사람임을 고백하는 것과 같다. 화려한 네온사인과 고층빌딩에만 쉽게 눈을 빼앗기는 사람은 자신의 발밑에서 시멘트 바닥 틈을 뚫고 올라온 노란 민들레의 가치를 평생 발견하지 못하듯 말이다.

한편 데이비드 버스는 남성들에게 했던 방식으로 여성들에게도 설문조사를 시행했다. 결과는 전혀 달랐다. 여성들은 특정 나이를 선호하기보다, 공통적으로 자상하고 부유하면서 건강한 남성을 선호했다. 특정 연령과 외적인 면에만 집중하던 남성보다 구체적이고 많은 항목을 확인하는 치밀한 태도를 보인 것이다.

여성들의 이런 태도는 보다 이성적인 신중함을 가지고 최고의 남성을 선택하려는 것이지만, 모순된 욕구로 인해 스스로 혼란을 만들기도 한다. 예를 들어 성실하고 자상한 가정적인 남성을 원하면서도 남성호르몬이 넘치고 바람기가 많은 이른바 나쁜 남자에게 도리어 매력을 느끼는 것이다. 샤론 모알렘Sharon Moalem의 저서 《진화의 선물, 사랑의 작동원리How Sex Works》에서 UCLA의 연구자 마티 헤이즐턴Martie Haselton이 이런 모순의 이유를 설명했다. "여성들은 스스로도 매력적인 남성상이 변한다는 것을 이미 알고 있다. 하지만 이것이 진화적 과거뿐 아니라 월경주기와 관련이 있다는 것을 대부분의 여성들은 모를 것 같다…… 어느 날 갑자기 건장한 이웃 사람이나 잘 생긴 동료에게 끌렸다고만 알 뿐이다.”

즉 여성은 월경주기에 따라 남성 선호도가 변하는데, 보통 때는 자녀에게 좋은 아버지가 되어줄 자상한 남성을 선호하다가도 가임기가 되면 테스토스테론이 풍부한 건장한 남성에게 끌리게 된다는 것이다.

게다가 2007년 영국 더럼 대학교의 심리학자 린다 부스로이드Lynda Boothroyd와 동료 심리학자인 세인트앤드루스 대학교의 데이비드 페럿David Perrett에 따르면 여성은 어떤 한 성별의 특징만 있는 얼굴보다는 남성적 특징과 여성적 특징이 혼합된 얼굴형을 선호하는 것으로 나타났다. 오히려 남성성이 뚜렷한 얼굴은 그다지 여성의 마음을 사로잡지 못했다. 연구자들은 전형적인 남성다운 얼굴이 바람기가 많고 자녀양육에 불성실한 인상을 주기 때문이라고 판단했다.

이런 모순적 변수들을 두고 “여성은 너무 복잡하고 어렵다”며 도저히 이해할 수 없는 특별한 존재로 규정하는 남성들에게 리하르트 다비트 프레히트Richard David Precht의《사랑, 그 혼란스러운Liebe: Ein unordentliches Gefühl》에 인용된 버스의 말을 남긴다.

“여성들의 파트너 선택 시 모든 특징들을 수집하고 각각에 적절한 비중을 부과할 수 있게 해주는 심리적 메커니즘이 반드시 필요하다.”

매 상황마다 여성이 남성에게 요구하는 매력은 급격하게 달라진다. 그러나 이 점을 돌려 생각해보면 남성들처럼 어떤 하나의 이유로 유혹되지 않는 신중함을 가진 것이고, 따라서 상대를 배신하는 일만큼은 남성에 비해 적지 않을까.

　쉽게 온 것은 쉽게 떠난다. 쉽게 번 돈, 쉽게 만난 사람, 쉬운 잠자리까지 예외는 없다. 당신 눈앞에 잠시 화려해 보인 저 왕관은 절대 당신에게만 화려하지 않으며, 수고 없이도 거뜬히 들어 올릴 만큼 가볍다는 건 당신이 곧 싫증을 내고 좀 더 욕심나는 다른 그림자에 이끌릴 것이라는 의미다. 그러니 상대를 이해하는 것이 쉽지 않음을 받아들여야 한다. 상대가 벅찰 정도로 무겁다는 것에 불평 말아야 한다. 드디어 누군가 당신의 삶 속으로 들어와 온 신경을 곤두서게 만들었다는 이유 하나만으로도 그 무게를 감당할 이유는 이미 충분하지 않은가.

냄새 맡고 바라보고 키스로 확인하다

　여성들은 번식을 위한 생물학적 비용이 남성에 비해 더 높다고 과학자들은 강조한다. 알다시피 남성들은 자신들의 씨앗만 뿌리고 언제든 자리를 떠날 수 있지만, 여성들은 40주 약 266일이라는 시간 동안 태아를 지켜야 하는 부담을 질 뿐 아니라 출산 후에도 아무것도 할 수 없는 아기를 위해 온 시간과 자원을 집중하고 공들여야 하기 때문이다. 이에 따라 여성은 보다 건강한 아이를 출산할 조건을 가진 것은 물론 자신과 태아를 끝까지 보육할 책임감 있는 배우자를 찾아내기 위해 장기적 안목이 필요했다. 그래서 여성들은 배우자를 선택하는 과정에서 후각, 시각, 촉각 정보를 총동원한다.

　우선 후각을 살펴보면, 여성은 남성보다 냄새에 예민하다. 상대와 나의 유전 적합성을 파악하는 데 후각을 이용하는 것이 매우 유리하기 때문이다. 여기서 유전 적합성이란 자신과 면역체계(백혈구항원)가 다를수록 높아지는데, 2세에게 보다 다양한 면역체계를 전해줄 수 있는 이점 때문이다. 이 면역체계가 외부로 발산하는 것 중 하나가 바로 체취다. 그래서 체취를 통해 자신과 비슷한 면역체계보다는 다른 유전자를 가진 파트너를 찾게 되고 또 끌리게 된다. 그리고 그 고유의 냄새가 매력적이고 유전적으로 적합한지는 오직 맡는 사람이 결정하게 된다. 이런 사실은 당연히 아름답고 멋있어야만 이성에게 선택받을 수 있다는 편견을 깨는 데 일조한다. 인간의 체취에 좋고 나쁨의 구분이 없듯이 당신이 가진 유일한 매력만큼 당신의 체취를 좋아하는 사람도 반드시 어딘가에 존재할 가능성이 있기 때문이다.

시각 면에서는 일반적으로 친숙함과 건강을 상징하는 아름다움과 대칭이 주로 고려되며, 특히 남성의 피부색이 여성들의 선호와 관련이 있다. 2008년 《인간생식_Human Reproduction_》에 발표된 캘리포니아 대학교 버클리 연구팀의 연구에서 남성의 엽산 수치가 높을수록 건강한 정자의 비율도 높다는 것이 밝혀졌다. 엽산은 보통 임신을 앞둔 여성들이 기형아 출산을 예방하기 위해 따로 섭취하며, 자외선에 의해 파괴된다. 그런데 자외선의 해로운 영향에서 보호하는 멜라닌이 남성의 짙은 피부를 결정한다고 한다. 즉 특정 문화권에서 여성들이 남성의 뽀얀 피부보다 거무스름한 피부를 선호하는 이유는 단순히 미적인 데 있다기보다는 실제 생식의 질뿐만 아니라 더욱 건강하다는 느낌을 시각적으로 받기 때문이다(일례로 미국 백인의 피부암 발병률은 미국 흑인의 10배에 달한다).

마지막으로 촉각이다. 우리의 입에는 뇌까지 직접 연결된 신경이 다수 몰려 있기에 상대와 키스를 한다는 것은 그 어떤 자극보다 강렬한 경험이다. 이 강렬함은 단순히 상대에 대한 사랑의 표현으로 그치는 것이 아니라 감각적으로 서로를 탐색하는 중요한 테스트가 된다. 2007년 미국 뉴욕주립대 진화심리학자 고든 갤럽Gordon Gallup 교수는 대학생 1,041명을 대상으로 키스의 의미를 물었고 그 결과 남녀가 키스를 대하는 접근이 서로 다름을 확인했다. 남자들은 다음 진도를 나가기 위한 하나의 과정이라 대답했으나, 여자들은 상대를 계속 만나도 되는지 확인하기 위한 중요한 과정이라고 대답했던 것이다. 이런 서로의 이견 때문일지 모르지만, 상대의 첫 매력에 이끌렸다가 키스 후 느낌에 따라 헤어진 여성은 66%나 되었으며, 남성도 59%가 관심을 잃었다고 했다. 갤럽은 여자는 키스를 통해 관계를 계속할지 여부를 결정하며, 이는 양육 책임을 나눌 만한 남자인지 알아보는 진화적 발전과정을 여자들이 겪었기 때문이라고 해석했다.

이 모든 사실은 여성들이 상대를 만나서 보고 듣고 느끼는 짧은 시간 동안 뇌와 감각을 총동원해 상대가 자신과 어울릴지 분석하고 확인한다는 사실을 말해준다.

그렇다면 사랑은 본능의 절대적 명령에서 벗어날 수 없는 것일까? 인류학자인 헬렌 피셔는 인간의 끌림은 동물의 본능과 같다고, 그것이 상대에게 첫눈에 반한 사랑이라고 생각했다. 단적으로《왜 사람은 바람을 피우고 싶어할까*Anatomy of Love*》에서 그는 "첫눈에 반하는 것은 단지 교미 과정을 앞당기도록 진화된 많은 동물들에게서 나타나는 선천적인 습성일 것"이라고 추정했다.

이는 '사랑은 성욕이다'라고 말한 대부분의 과학자와 의견이 일치한다. 왜 과학자들은 인간의 평생 숙원인 사랑을 겨우 혈액에 의지해 떠다니는 화학물질인 호르몬의 반응이라 믿는 것일까? 이제부터 그들이 연구하며 어떻게든 밝히려고 했던 '사랑의 비밀' 아니 '사랑하는 동물에 대한 진실'을 소개하려고 한다.

일부일처제 동물의 비밀

일부일처제 즉 한 마리 수컷이 한 마리 암컷과 평생을 함께 하는 관계는 인간사회에서는 보편적인 제도로 자리 잡았지만, 자연생태계에서는 특히 인간과 같은 포유류에서조차 사실 5% 도 되지 않는다. 여전히 인간을 제외한 대부분 생태계에서는 암컷이 중심이며, 암컷이 가장 뛰어난 수컷을 선택한다는 조건이 유지되고 있다. 왜냐하면 일부일처제는 다음 세대를 위한 유전적인 프로그래밍에 불리하기 때문이다. 그렇다면 이런 불리함 속에서도 왜 인간은 일부일처제를 선택하고 유지하고 있을까.

2013년 영국 케임브리지대 동물학과 디터 루카스Dieter Lucas 연구팀은 포유류 중 일부가 일부일처제를 선택한 것은 일차적으로 암컷 영향 때문이라고 밝혔다. 연구팀은 인간을 포함한 포유류 2,545종을 분류한 뒤 그중 단 9%인 229종이 일부일처제를 지킨다는 것을 확인했다. 전체 중 68%는 홀로 생활했으며 23%는 무리지어 생활하는 습성을 지니고 있었다. 루카스 교수는 처음에는 한 마리의 수컷이 여러 마리의 암컷 영역을 침범하는 생활패턴을 보였지만, 암컷이 임신을 하면 신경이 굉장히 예민하기 때문에 다른 암컷과 함께 살기가 힘들어지는 데다 암컷들이 서로 겹치는 지역에 살다보니 먹이가 부족해져 자연스럽게 떨어져 살게 됐다고 말했다. 이에 따라 넓은 지역을 돌아다니며 경쟁자를 물리치기 어려워진 수컷이 특정 암컷과 붙어 살면서 일부일처제가 굳어졌다는 것이다.

물론 마음이 가는 대로 만나고 헤어지는 자유연애는 여러 수컷의 유전자가 다음 세대로 전해질 가능성이 높다는 장점이 있지만, 새끼들이 스스로 생존할 수 있을 만큼 장기적인 안전과 환경을 제공하는 방법은 일부일처제만큼 좋은 것이 없다. 이런 안정감은 포식자가 많은 환경에서 더욱 빛을 발한다. 무엇보다 부모가 가진 유전고리를 연속적으로 연결시킬 수 있는 최선의 방법이 되기 때문이다.

일부일처제의 탄생은 특히 인간 수컷에게 큰 축복일지도 모른다. 사실 동물의 세계에서는 평생 동안 암컷과 교미 한 번 하지 못하고 죽어가는 수컷이 약 90%나 된다. 그러나 인간 수컷은 그런 비극을 피할 수 있는 기회만큼은 공평하게 선사받았다. 서로 사랑만 한다면 언제든 사랑을 나눌 수 있는 자격을 인간 암컷에게 부여받는다.

첫 만남의 끌림은 강렬했다. 밤이 깊자 둘의 사랑도 깊어졌고 격렬하게 몸을 섞은 뒤에도 뜨거운 여운은 가시질 않았다. 이 둘은 이후 죽는 날까지 서로를 떠나지 않고 모든 일을 분담하면서 평생 함께했다…… 너무나도 낭만적인 이 러브스토리는 아쉽게도 인간의 이야기가 아니라 대초원들쥐의 삶이다.

대초원들쥐의 일생은 인간의 사랑이 만들어내는 감동 그 이상이라고 한다. 실제로 암수 들쥐는 인간의 강렬한 끌림과 같은 생화학적 광란상태에 빠져 하루에 스무 번도 넘게 뜨거운 사랑을 나눈다. 한껏 서로를 품은 한 쌍은 비로소 함께 살 둥지를 꾸민다. 낮에는 어느 여정에도 동행하고 밤에는 서로의 체온을 느끼면서 잠을 잘 만큼 강한 애착으로 서로 시야에서 벗어나지 않게끔 한다. 그리고 이런 합일된 결합관계는 둘 중 하나가 죽어야만 비로소 끝이 난다.

반면 목초지들쥐 수컷들의 사랑법은 달랐다. 대초원들쥐와 비슷한 목초지들쥐 수컷은 암컷에게 새끼를 낳게 만든 다음 양육에 책임을 지기는커녕 곧바로 다른 암컷과 짝짓기 하러 떠나버린다.

과학자들은 분명 같은 쥣과의 수컷임에도 어찌 이렇게 배우자와 가정을 대하는 성실성의 차이가 극명한지를, 그 원인을 궁금해했고 연구를 통해 찾고자 노력했다. 그리고 마침내 애틀랜타 에머리 대학교 영장류연구센터의 토머스 인셀Thomas Insel 연구팀이 그 비밀이 '옥시토신'과 '바소프레신'이라는 두

가지 호르몬에 있다고 밝혀냈다. 옥시토신은 분만 전후나 수유를 하는 여성에게서 활발하게 분비되는 것으로 알려져 있는데, 아이에게 젖을 먹일 때 엄마의 옥시토신은 아이에 대한 애착을 강하게 만들며 흥분과 고통을 진정시키는 신경안정제와 같은 중요한 역할을 한다. 또한 옥시토신과 바소프레신은 성관계로 인한 오르가슴 이후뿐만 아니라 포옹하거나 쓰다듬어주는 다정한 표현에도 분비되어 이른바 '사랑의 호르몬'으로 알려져 있다.

실험결과 상대에게 평생 충실한 대초원들쥐는 짝짓기를 할 때 암컷은 옥시토신이, 수컷은 그와 상당히 유사한 바소프레신이 다량 분비되어 유대관계를 강화했다. 반면 목초지들쥐는 두 호르몬의 분비량이 적었던 것이다.

이 문제를 좀 더 철저히 연구하기 위해 인셀 연구팀은 한 가지 실험을 더 실시했다. 연구자들은 바소프레신 수용기를 만들어내는 대초원들쥐의 유전자를 분리해 그것을 목초지들쥐의 뇌에 주입해보았다. 그랬더니 정말로 이 바람둥이 들쥐들이 자신의 파트너와 새끼들에게 충실한 들쥐로 완전히 바뀌었다. 반대로 대초원들쥐 암컷과 수컷에게 옥시토신 차단제와 바소프레신 차단제를 각각 투입했더니 기존 가정에 충실하던 수컷이 교미가 끝나기 무섭게 새로운 암컷을 찾아 떠났다. 이로써 과학자들은 동물의 '정절'을 결정하고 바람기를 제어할 놀라운 호르몬을 발견하는 데 성공한다.

이 대초원들쥐 연구결과는 인간의 바람기가 생물학적으로 타고난 것은 아닌가 하는 합리적인 의심까지 들게 만들었다.

그런데 2006년 스위스 베른 대학교 동물학연구소의 유명한 유전학자 게랄트 헤켈Gerald Heckel이 호르몬에 대한 환상을 깨뜨리는 연구를 발표했다. 헤켈은 25종의 야생 들쥐를 조사한 결과 정절의 대명사인 대초원들쥐의 옥시토신과 바소프레신 수용기는 절대 이들만 가진 것이 아니라 매우 일반적임을 확인한다. 즉 변절을 주로 하는 목초지들쥐를 포함한 2종만 빼고 대부분의 들쥐에서 '정절 호르몬' 수용기가 충만했지만 그중에서도 유독 대초원들쥐만 정절을 지키고 나머지 24종은 파트너를 떠났던 것이다. 심지어 기존 연구에서 알려진 것과 달리, 대초원들쥐도 평생 한 파트너와 함께 살기는 하지만 일부 수컷들은 때때로 다른 암컷과 교미하는 것이 목격되었다. 이렇듯 보다 다양한 실험군으로 확장한 헤켈의 조사는 기존 학자들의 호르몬 맹신에 대한 경각심을 일깨웠다.

일부 과학자들은 인간의 사랑이라는 어렵고 복잡한 감정을 호르몬의 작용으로 이해하고 개인마다 극명한 차이를 단순히 남녀 간 차이로 치환하려 한 것처럼, 바람기의 원인 또한 화학적으로 규명하고 싶어했다. 그리고 그럴싸한 샘플을 발견하고는 전체의 표본으로 간주해 특정 행동을 유전적 고착으로 설명하곤 했다.

물론 연구를 통해 옥시토신과 바소프레신이라는 두 호르몬의 중요한 기능을 알게 된 것은 분명하다. 남녀가 섹스하는 도중 옥시토신이 다량 분비될 때 더욱 강렬한 도취감과 애착에 빠지는 것은 사실이다. 하지만 과연 이것을 '사랑'으로 규정지을 수 있을지 진지하게 고민해봐야 한다. 호르몬의 효력은 밝혀진 대로 상대에 대한 육체적 갈망과 성적 흥분을 불러일으키긴 하지만 그 강렬한 욕구가 사랑이라는 장기적인 관계의 지속성까지 결정지을 수는 없기 때문이다. 특히 인간의 호르몬이 가져오는 쾌감과 애착 같은 황홀감은 알다시피 언젠가는 소멸되는 감정적 소비와도 같다. 그래서 "처음에는 당신을 사랑했지만 지금 보니 아닌 것 같아"라며 매번 양은냄비처럼 쉽게 뜨거워졌다가 식어버리기를 반복하는 것이다.

　하지만 사랑은 매번 큰 파도만을 기다리는 서퍼가 아닌 잔파도까지도 헤아리며 감사할 줄 아는 어부의 마음과 같은 것이다. 거대한 파도 앞에서 잠시 황홀해졌다가 순식간에 부서지는 물거품에 허무감을 느끼는 서퍼가 아닌, 평생 바다에서 살아가는 어부가 되는 것이다. 사랑은 호르몬이 만들어낸 감정을 추종하는 것이 아니라 우리가 직접 선택하고 만들어낼 수 있는 하나의 심상일 것이다.

바람기는 유전자와 관련 있을까

정절의 대명사 대초원들쥐 중에서도 일부는 왜 다른 암컷과 바람을 피웠을까? 과학자들이 성급하게 예단했던 정절 호르몬이 결정적인 이유가 아니었다면 다른 이유가 있던 것일까?

스티븐 펠프스Steven Phelps 미국 텍사스 오스틴대 통합생물학과 교수팀은 대초원들쥐 중 바람기가 많은 수컷은 그렇지 않은 수컷에 비해 나쁜 단기기억력 때문에 집을 찾지 못하고 다른 암컷과 바람을 피운다고 밝혔다. 연구팀은 배우자에게 충실한 수컷 쥐와 바람기가 많은 수컷 쥐의 유전자를 비교한 결과, 뇌의 단기기억력 향상에 관련하는 유전자에 큰 차이가 있다는 것을 확인했고, 유전자가 다른 만큼 뇌의 발달도 다르게 나타났으며 그에 따라 성격까지 다를 수 있다고 설명했다.

결국 나쁜 기억력 탓에 자신의 집을 잊어버리고 다른 쥐의 보금자리에 들어가서 뻔뻔하게 바람을 피우는 어이없는 상황이 벌어진 것이다. 이런 기억력 조건은 대초원들쥐 수컷이 일부일처제를 유지하면서도 언제든 다른 집 암컷과 바람을 피워 자손을 퍼뜨릴 가능성을 높이지만, 한편으로 수컷이 바람을 피우는 사이 누군가 그의 암컷과 새끼를 낳을 수도 있다는 치명적인 이중성을 알려준다.

그렇다면 한 이성에 오래 정착하지 못하는 '바람기'는 유전적인 것일까? 아니면 후천적인 것일까? 아직까지 바람기를 결정하는 직접적인 호르몬은 발견되지 않았으나 최근 사회·심리적 특성에 따라 출세한 남성이 불륜을 저지를 위험이 더 높다는 연구결과에 주목할 필요가 있다. 해당 연구는 높은 지위에 있을수록 심리적인 위험에 자주 노출되며 그에 따라 잘못된 판단과 큰 위기를 불러올 경향이 있다고 판단했다.

프랭크 팔리Frank Farley 미국 템플대 심리학 교수는 높은 지위에 있는 남성은 위험을 감수하는 데 익숙하므로 혼외정사의 대가를 알면서도 후폭풍을 감당하고 넘어설 수 있다는 착각에 빠지기 쉽다고 분석했다. 위험을 넘긴 경험이 있는 사람은 쉽게 외도를 저지른다는 사실을 뒷받침하듯, 시러큐스대 참전용사·가족 연구소가 참전군인의 외도 경험을 조사했더니 비참전 군인의 두 배가 넘는 32%가 바람을 피운 적이 있다고 답했다.

이렇듯 바람기는 유전적인 요인뿐만 아니라 사회·심리적

특성 등 다양한 요인에 영향을 받는 것으로 알려져 있으며 아직도 계속 연구되고 있다.

혹시 '바람기' 하면 곧바로 떠오르는 이름이 있지 않은가? 유럽 전역을 돌며 백 명이 넘는 이성의 몸과 마음을 훔쳤다는 '카사노바Giovanni Giacomo Casanova' 말이다. 실존인물인 그는 수백 명의 여성과 잠자리를 가졌지만 단 한 명도 임신시키지 않았던 세기의 바람둥이로서, 철저한 피임(당시 돈으로 살 수 있는 최고의 콘돔을 사용했다고 전해진다)으로 지금까지도 이슈가 되기도 한다. 그러나 그가 얼마나 많은 잠자리를 가졌는지보다 궁금한 것은 주변 쟁쟁한 경쟁자들 사이에서 어떻게 상대의 마음을 얻을 수 있었는지가 아닐까.

그의 자서전《불멸의 유혹Histoire de ma vie》에 눈여겨볼 대목이 있다. "바로 앞에 있는 여성을 유혹하고 싶다면 호감형 얼굴과 명석한 두뇌 그리고 시인이자 마술사이자 역사가 같은 다양한 능력이 아니라[그는 실제로 이 모든 직업을 가졌던 능력자였다] '여성에게 자신이 매우 사랑받고 있으며 매우 소중한 존재'라는 사실을 일깨워주는 것만큼 강력한 것은 없다."

지금이야 카사노바가 단지 많은 여성들과 교제했다는 이유로 그를 바람둥이라고 표현하지만, 그는 자신의 관능만을 쫓아 비겁하고 거짓된 마음으로 상대를 속이거나 돈을 줘서라도 상대와 몸을 섞고자 한 욕정주의자가 아니었다. 단 한 번도 진심이라는 의무 없이 누군가를 탐닉하지 않았다는 그의 고백을 보라. 독서를 유난히도 좋아했던 그는 자신의 생애 마지막 행복을 찾아줄 안식처를 도서관이라 말했는데, 어쩌면 평생 다 읽을 수 없는 책들처럼 여자들도 저마다 다른 얼굴과 성격 그리고 마음씨를 가진 유일한 존재란 걸 알고 있었기에 일생을 바쳐서라도 알고 싶었는지 모른다.

덧붙여두자면, 단순히 '희대의 바람둥이'로만 알려진 카사노바는 열여덟 살에 법학 박사학위를 받았고 유럽 전역에서 사업가, 외교관, 철학자, 성직자, 바이올리니스트, 연극배우 등으로 활약한 천재였다. 당시 볼테르, 루소 등 저명한 작가들과 만나며 약 40여 권의 책을 남겼으며, 모차르트의 가사도 고쳐줄 정도로 막역한 사이였다고 한다.

애착의 기원

　　미국의 여성 인류학자인 헬렌 피셔는 1992년작《왜 사람은 바람을 피우고 싶어할까》에서 사랑의 근원을 본성으로 바라보며, 서로가 계속 붙어 있게 하는 원동력을 '커플 애착'이라는 애착의 형태로 규정했다. 그는 일부일처제가 생긴 과정을 통해 인간의 애착 감정 탄생을 설명했다. 즉 원래 여성은 테스토스테론이 왕성한 근육질 남자에게 끌렸지만 자상하고 사회적인 수컷이 양육에 쓸모가 있다는 점에서 차츰 일부일처 형태가 자리 잡았고, 확고한 커플관계를 형성하려는 유전적 성향의 소유자들이 자연선택에 따라 생존에 유리하게 되자 애착을 담당하는 뇌의 영역이 화학적으로 발달하기에 이르렀다는 것이다.

　　그러나 피셔는 인간이라는 복합적인 감정과 의식을 가진

존재를 '자극'과 '반응'이라는 생물학에 한정된 시각으로만 보지 않았나 생각이 든다. 마치 자극 신호를 CPU에서 해석하고 실행하는 기계인 양 다룬 것 같기도 하다. 만약 피셔의 주장처럼 호르몬에 영향 받는 애착 감정을 사랑으로 규정한다면, 우리는 태초부터 호르몬이 설계한 대로 행동해왔고, 감정과 이성은 유전자라는 신에 의해 통제되고 잠식당하고 있는 것과 다를 바 없게 된다.

그런데 사랑을 애착 감정으로 확신하기에 앞서 도대체 왜 인간은 애착을 가지는가 하는 기원부터 접근해야 보다 다양한 모습을 가진 사랑을 이해하는 게 가능하지 않을까.

함부르크의 정신의학자 미하엘 마리Michael Mary는 애착의 기원을 인간의 어미 자식 간의 사랑에서 확인할 수 있다고 서술했다. 아이는 안전하고 편안한 느낌을 주는 어머니에게서 육체적·정서적·심리적 친근감을 동시에 느끼며 친밀한 결속을 경험한다. 그리고 내면에 깊숙이 각인된 이런 유아기의 경험과 유사한 친밀한 결속을 이후의 삶에서도 느끼려 한다는 것이다.

인간뿐만 아니라 새끼를 낳는 대부분의 동물들만 보더라도 커플의 애착보다 어미 자식 간의 애착이 더욱 견고하고 안정적이라는 것을 쉽게 확인할 수 있다. 그러면 왜 인간은 애착을 지속적으로 갈망하는가에 대한 대답은 이미 된 듯하다. 유아기에 어머니와 맞닿은 체온의 따뜻함과 친밀함의 기억인 최초의 애착, 결국 우리는 사랑을 통해 그때의 안정감으로 되돌아가려 하며, 태초의 편안함을 지속적으로 완성시키려는 것이다. 태어나 빛을 보는 그 순간부터 쉬지 않고 타인의 시선과 관심을 통해 나의 자아상을 만들어가야 하는 고단함을 경험하면서도 타인들을 포용해 새로운 애착관계를 형성해가는 기원이 바로 어머니와 자식 사이의 감수성에 있다.

이런 의미로 사랑은 태초의 따뜻함을 상기시키며, 이 따뜻함은 절대 둘만의 것이 아니라 주변으로 확산되는 확장성을 가진다. 예를 들어 우리가 길거리에서 타인의 짐을 함께 들어줄 때 뿌듯함을 느끼는 것은 보통 나의 존재 이유를 다시 확인하기 때문이다. 존재는 생동하는 따뜻함을 품으며 언제든지 타인에게 연결될 수 있음을 직접 경험함으로써 긍정적인 감정과 사고를 갖게 된다. 그렇기에 사랑은 일방적으로 준다는 의미보다는 서로 주고받은 것이 된다.

사랑에 대한 과학의 한계

　인간은 언제나 답을 원했고 그 답을 위해 연구자들은 많은 사실들을 밝혀냈다. 그러나 그 연구들은 답을 찾기 위한 하나의 과정이었을 뿐이다. 아직 임무가 완성되지 않았다는 뜻이다. 마치 '블랙 스완'을 두 눈으로 확인하기 전까지는 '모든 백조는 희다'는 명제가 진리로 믿어졌듯이 말이다.

　과학자들은 '사랑'의 본질을 탐구하기보다는 '인간'에 대해 궁금해했다. 만물의 영장인 인간이 사랑이라는 모자만 쓰면 스스로 합리성을 벗어던지고 자신의 한계도 망각할 만큼 비이성적인 태도를 보이는 이유를 끊임없이 밝혀내려 했다. 물론 그 과정에서 인간은 유전적 충동과 프로세스의 영향에서 영원히 벗어날 수 없다는 사실이 밝혀졌다. 요컨대 과학자들이 바라보는 사랑은 오직 우수한 후손을 얻기 위한 남녀의 선택이자 호르몬의 화학적 반응에 따른 행동이다.

점차 밝혀지는 뇌과학과 진화생물학의 연구결과들 속에서 평소의 의문들이 풀리는 놀라움과 즐거움을 누리면서도 이 모든 것을 그대로 인정하기는 불편하다. 그들의 시각만으로 사랑을 바라본다면, 오직 강한 호르몬 자극이 주어지기만 하면 번식만을 위해 자식을 낳을 수 있으며, 근원적인 사랑의 접근이 아닌 일시적 끌림에 따라 언제든 상대를 선택하고 버릴 수 있다는 슬픈 가정을 받아들여야 하기 때문이다.

　　그러나 실제로 인간은 욕구에 의해 끊임없이 충동질당하는 다른 동물과는 엄연히 달랐다. 과학적 이론에 따르면 언제나 20대 여성이 남성들에게 가장 매력적이어야 하는데 어떤 남성은 자신보다 스무 살이 많은 여성을 열정적으로 사랑하기도 하며, 여성은 안전한 미래와 자녀를 위해 남성의 재력을 따져야 하는데 어떤 여성은 가진 것 없는 상황에서도 자신의 사랑을 놓지 않는다. 그뿐인가, 불치병에 걸린 반려자 옆에서 모든 것을 바치며 지키려는 사랑은 대체 어떻게 설명할 것인가? 또한 생물이라면 마땅히 우수한 후손을 낳는 것을 삶의 최우선 목표로 여겨야 하지만, 신체가 건강한 젊은 남녀들조차 부부가 되는 시기를 미루고 정식 부부도 출산을 기피하는 현상을 과학은 어떻게 설명할까.

　　이처럼 과학적 연구를 토대로 사랑과 사람을 정형화하고 일반화하려는 발상은 위험할 수도 있다. 밝혀진 사실을 이해하려는 노력과 함께 현재의 가설이 앞으로 언제든 변할 수 있다는 비판적 시각을 견지하며 정보를 가려 취할 줄 아는 현명함이 필요한 시점이다.

개인적으로 지금까지 과학이 밝힌 사실들을 한 걸음 떨어져 바라보려 한 이유는 오직 한 가지다. 바로 인간이 가진 자아의 초월성(종교의 그것과 다르다), 즉 평생 '왜'라는 질문을 던지는 나라는 주체야말로 가장 중요하게 존재하기 때문이다. 모든 동물들 중 '나는 누구인가'를 고민할 줄 알고 나의 내면을 넘어설 수 있는 유일무이한 존재이기 때문이다. 어떤 고정된 상태의 실체가 아닌, 마치 우리가 매일 경험하는 날씨처럼 변화무쌍한 존재이기 때문이다. 이런 예측 불가한 인간들이 하는 사랑을 감히 몇 가지 사실들만으로 규정하려는 편협함은 허용될 수 없다.

만약 생물학이 인간의 운명이라면, 사랑은 나라는 주체의 선택이다. 그렇지 않은가, 과학은 폭탄을 발명하는 데 성공했지만 결국 그 폭탄을 어떻게 쓸지 고민하는 자가 바로 인간이다. 비록 인간이 태어나면서부터 생물로서의 운명을 부여받았다고 해도 결국 그 운명을 어떻게 대할지는 나라는 유일한 주체가 결정한다는 진실은 시간이 지나도 영원히 변하지 않는다.

5부

사랑의 철학.

•• 사실을 찾는 과학자와 의미를 찾는 철학자 ••

아프리카 대초원에서 과학자와 철학자가 길을 걷고 있었다. 이때 마침 굶주린 사자 한 마리가 날카로운 이빨을 드러내며 둘을 향해 달려오기 시작했다. 과학자는 달리기 시작하며 빨리 계산을 하고 말했다. "사자는 최고시속 63킬로미터인데 인간은 시간당 35킬로미터밖에 뛰지 못하오." 그러자 과학자보다 조금 앞서 뛰고 있던 철학자가 말을 했다. "나는 사자보다 빨리 달리려는 게 아니요. 당신만 앞지르려는 게요."

철학이나 과학은 보편적인 진리를 찾는다는 공통점을 갖고 있다. 과학이 우리에게 경험되는 어떤 사실의 원인을 확인하는 학문이라면, 철학은 세계의 원리와 인간 삶의 본질을 탐구하는 학문이 아닐까. 과학은 '왜'라는 질문을 풀기 위해 주로 '어떻게'에 주목한다. 사랑을 알기 위해 어떻게 사랑하는지를 직접 관찰하고 연구하며 객관적 사실들을 이끌어낸다. 그러나 과학은 독감에 시달리면서도 몇 시간씩 걸려 사랑하는 사람을 만나러 간다든가, 식물인간이 된 연인을 수년간 간호하는 행동처럼 기존 질서에 반하거나 실험과 관찰이 되지 않는 부분들에 대해서는 다루지 못하는 한계를 가진다. 과학자들은 우는 사람의 모습 속에서 슬픔을 발견할 수 있지만 슬픔의 근원에 대한 물음에는 오직 호르몬 때문이라고밖에 답하지 못한다.

반면 철학은 '왜'라는 질문으로 시작해 근원적인 '의미'에 주목한다. 예컨대 스피노자Baruch de Spinoza는 '슬픔'을 정신이 더 작은 완전성으로 나아가는 수동적 상태라며, 더 큰 완전성으로 나아가는 기쁨과 대비되는 의미를 가진다고 생각했다. 그리고 슬픔은 기존 상태와 비교한 어떤 상실이라 설명한다.

이처럼 철학은 구체적으로 묻고 전제를 탐구하기 때문에 다양한 대답과 해석이 나올 수 있다. 철학은 하나의 답을 찾는 폐쇄성과 주관적 생각이 가진 한계를 스스로 인정하는 데서 시작한다. 그렇다면 사랑에 대해 철학자들은 어떻게 설명할까?

사랑의 세 단계

인류는 오래전부터 인간 존재의 의미와 행위의 목적 그리고 가치에 중요성을 부여하고 본질을 탐구해왔다. 이처럼 인간이 사유에 침잠한 시간들의 축적인 '철학philosophy'은 '애호philos'와 '지혜sophia'의 합성어로, 지혜를 추구하는 즐거움의 학문인 셈이다. 과학의 사실들은 지식을 추구한다. 지식은 이해할 수 있고 기억할 수 있으면 누구나 매뉴얼화된 정보를 얻게되고 정량적으로 평가된다. 그러나 철학의 지혜는 이성뿐만 아니라 의지가 수반된 암묵지暗默知와 같다. 예를 들어 어릴 적 수영을 배운 경험이 있으면 체화되어 오랜 시간이 지나도 다시 헤엄칠 수 있지만 새로 수영을 시작하는 사람에게 자신만의 노하우를 직접 알려주는 것은 불가능하듯이.

사랑에 대한 지혜도 암묵지와 같다. 그래서 사랑 경험이 아무리 많더라도, 또 오랫동안 했더라도, 누구든 '사랑이 무엇인지' '어떻게 해야 사랑을 잘 하는지' 조언은 가능하지만 정답을 알려주지는 못한다.

인간은 태초부터 지혜를 얻기를 원했으며 줄곧 바라왔다. 오직 신만이 지혜를 소유한다고 믿었으므로 인간은 겸손한 자세로 자신이 가진 것을 자랑하는 대신 부끄러워하는 법을 배웠다. 그렇기 때문에 모든 철학의 시작이 "너 자신을 알라"라는 자기반성의 질문 아닐까. 만약 사랑에 대해 알고 싶다면 무엇보다 나 자신에게 먼저 물어봐야만 한다. "네가 해온 사랑을 알라"라고 말이다.

정신분석학 전문의인 김혜남 박사는 사랑의 과정을 세 가지로 구분했는데, 누군가를 만나 '사랑에 빠지는falling in love' 단계에서 서로가 '사랑을 하는being in love' 단계를 거쳐 보다 안정적인 '사랑에 머무는staying in love' 것으로 완성된다고 보았다. 이는 누구나 겪는 일련의 사랑 프로세스다. 즉 사랑이라는 관념은 누군가에게 반하는 것으로 끝나는 것이 아니라, 서로 사랑을 확인하는 것으로 끝나는 것이 아니라, 마지막 사랑에 머무르고 이별에 이르기도 하는 모든 과정을 통틀어 말한다. 그래서 나만의 기분이나 순간의 마음만으로 사랑이라고 정의하는 것은 너무 주관적이다 못해 안타까울 만큼 가볍다. 게다가 그 가벼움 속에도 상대를 위해 무엇이든 하겠다는 이타적인 마음과 나를 모든 것에 중심으로 두려는 이기적인 마음이 이중적으로 나타나기 때문에 사랑을 대하는 데 어려움과 불편함은 증폭된다. 이런 인간의 이중적 형태야말로 우리가 왜 사람을 이해하고 사랑을 깊이 고찰해야 하는지 분명한 이유를 말해준다.

　그래서 생각해보건대 우리가 사랑에 빠지는 이유는 우발적인 낭만성 때문이며, 우리가 사랑을 해야 하는 이유는 타자를 통한 인식의 무한 확장이 가능하기 때문이며, 우리가 사랑에 머물러야 하는 이유는 두 주인공이 그 누구도 예상하지 못한 신세계를 구축하고 연장해나가기 때문이다. 이제 이 세 가지 사랑의 과정에 대해 누구보다 깊게 탐구하고 고찰했던 철학자들의 생각을 자세히 들여다보려 한다.

러브스토리의 낭만성

사랑을 이야기하기 전에 우선 이 질문부터 답해보자. 과연 당신은 '낭만'이나 '로맨스'라는 단어를 들으면 당장 무엇이 떠오르는가? 연인 사이의 어떤 상황과 장면이 먼저 생각나는가?

모두의 시선을 빼앗기 충분한 고급 세단에서 내린 한 남성이 어느 집 앞에서 클랙슨을 울리며 자신이 도착했음을 알린다. 굳게 닫혔던 이층 창가의 문이 하나 열리자 사내는 기다렸다는 듯 차의 트렁크를 연다. 오색 풍선들이 날아가면 그 속에는 숲속에서 방금 꺾은 듯 보이는 새빨간 장미 백 송이가 놓여 있다. 그가 붉은 장미를 꺼내 들고 창가에 선 여자를 사랑스럽게 바라보자 그녀는 기뻐하며 남자에게 달려 내려온다. 남자는 굳은 약속을 다짐하며 한쪽 무릎을 꿇고 조명보다 반짝이는 반지를 꺼낸다. 여자는 온 세상의 주인공이 된 듯 행복과 감동을 만끽한다.

그랬다. 애초부터 '낭만'이란 남녀가 사랑을 선언하는 '프러포즈' 장면을 주로 상징해왔다. 아주 오래전부터 작가들에 의해 달달하고 극적인 러브스토리가 만들어져온 것이다. 더욱 놀라운 점은 이런 러브스토리의 상황들이 우리가 기대하는 방식에서 크게 벗어나지 않는다는 사실이다. 작가들의 참신함이 과거보다 부족하다기보다는 독자들이 사랑에 대한 학습을 통해 전보다 완고한 기대를 갖게 되었기 때문이다.

남성이 여성에게 고백하는 방식은 오래전 종교적인 경의의 표시에서 시작되었다는 설도 있고, 왕 앞에서 충성을 다짐하던 관습에서 유래했다고도 전해지지만, 중요한 건 우리가 생각하는 낭만성이 러브스토리 속에 녹아들어갔다는 사실이다. 어디선가 봤던 또는 들어봤던 이 낭만에 대한 감성적인 심리적 기대감은 큰 틀에서 벗어나지 않고, 이 기대를 충족하는 시나리오 또한 지속적으로 편집되고 모방되어왔다.

우리는 사랑의 낭만성을 극적이고 우연적인 사건에 매번 소진시켰다. 특히 첫 만남이 대표적이다. 영화나 드라마에서 남녀 주인공의 첫 만남은 놀라운 우연으로 시작된다. 그 우연은 뜻밖의 상황에서 기적을 만들고 둘은 '인연'이라고 의미를 부여하게 된다.

오토바이를 훔쳐 달아나는 도둑을 휴가 나온 직업군인 두

명이 장난감 총으로 가볍게 제압한다. 이때 다친 도둑을 병원으로 후송하는 도중 주인공의 동료는 핸드폰을 분실하고, 그 사실을 뒤늦게 알게 된다. 이때부터 어떤 운명의 끈이 잡아당기는지도 모른 채 둘은 핸드폰을 찾기 위해 병원을 다시 찾는다. 전혀 접점이 없어 보이던 의사인 여주인공과 직업군인인 남주인공의 운명적인 첫 만남은 이렇게 민간인 도둑의 주선으로 극적으로 이루어진다. 이 낭만적인 만남으로 시작하는 러브스토리는 2016년 최고의 화제작 드라마 〈태양의 후예〉다.

시청자들이 유난히 러브스토리를 좋아하는 이유는 기본적으로 두 주인공만큼은 사랑을 굳건히 지키며 해피엔드를 맞았으면 하는 바람에 부합하기 때문이지만, 가장 큰 이유는 도저히 만날 수 없을 듯한 남녀 주인공의 상황 속에서 이뤄진 강렬한 첫 만남의 각인 때문일 것이다. 또 다른 이유는 둘의 열정적인 사랑만큼 그 사랑을 지키기 위한 상황적 불안정성이 극적 효과를 유발하기 때문이다. 마치 누구라도 살려야만 하는 의사와 누구든 죽여야만 살 수 있는 군인의 만남처럼 말이다. 예컨대 로미오와 줄리엣이 원수 집안의 자녀가 아니었다면 그 긴장감과 감동은 반감되고 로맨스는 단조로워졌을 것이다. 이처럼 낭만성은 두 주인공이 처한 불확실성이 일반적인 커플들보다 큰 상황에서 쉽지 않은 사랑을 할 때 농도가 짙어지는 특징이 있다.

독자들이나 시청자들은 쉽게 예상되는 빤한 러브스토리에

서 두 주인공에게 놓인 각자의 난관 속에서 요소요소 낭만성을 찾아내 차곡차곡 자신의 가슴과 머릿속에 담아가면서 현실에 직접 구현하려 한다. 그래서 오랜 과거부터 작가들은 남녀의 첫 만남을 최대한 우발적으로 만들려고 노력했고, 온갖 갈등을 겪은 다음 남자주인공이 쉽게 예상되는 방법으로 여자주인공에게 고백하도록 만들었다.

이런 전형적인 스토리에 익숙해진 우리에게도 어떤 사람과 어디서 어떻게 만났는지가 중요해지고, 그의 고백에 담긴 진심보다 얼마나 완성도 높게 준비된 고백이었는지가 중요해진다. 우리가 원하든 원치 않든, 현실 남녀의 사랑은 현실 속 다른 커플들과의 비교도 모자라 드라마 속 가상의 주인공들에게도 끊임없이 비교당한다.

누구나 이런 상황을 자연스레 겪으며 사랑하지만, 이 모든 낭만이 소설이나 영상매체를 통한 작가들의 가공품이라는 것을 잊고 단지 첫 만남의 우연적 끌림만 진정한 사랑으로 여기는 태도를 견지할 때 문제가 생긴다. 얼마나 극적으로 그 사람을 만났는지에만 집중하느라 정작 첫 만남 이후 각자의 상황과 시련을 함께 극복하면서 사랑이 점점 끈끈해지는 과정에는 크게 관심 갖지 않는다. 의심하고 오해하며 싸우고 토라지면서도 두 주인공이 단단히 만들어가는 사랑의 지속성보다는 마지막 회에서 작가의 펜에 결정될 해피엔딩 확인에만 집중하는 어수룩한 시각이다. 극장에서 로맨스 영화를 본 다음 남녀 주인공들이 나눈 대사는 희미해지고 그들의 극적인 첫 만남과 그 사랑이 무사했는지 정도의 단출한 기억만 남듯이.

우리는 길을 걷다가 노부부의 손잡은 모습을 보면 보통 "낭만적이다"가 아니라 "아름답다"고 말한다. 어쩌면 우리는 낭만이란 언제나 젊고 새로워야 하며 반드시 극적이어야 한다는 착각을 하고 있는 것이 아닐까. 이런 기대가 현실의 사랑에서도 강요되면 상대에 대한 실망의 근본적인 이유가 되기도 하고, 오직 극적인 만남에서만 운명적인 사랑이 태어난다는 착각으로 사랑을 시작조차 못 하게 되기도 한다. 곰곰이 생각해 보면 모든 타자와의 만남은 어느 것도 예외 없이, 우연이 아니었던 경우는 단 한 번도 없었는데 말이다.

사랑은 너와 나의 합일

남녀관계에서 사랑은 그 어떤 단어보다 다양한 의미로 남용되어왔다. 상대의 육체를 갈구하는 욕망도 사랑으로, 상대에게 깊게 빠져 마음이 가는 끌림도 사랑으로, 심지어 이성 간의 오랜 우정도 사랑이라는 포괄적인 범주로 막연하게 사용되고 있다. 바로 사랑이라는 이름 위에 덧칠해놓은 '낭만성' 때문이다. 이 낭만성은 우리가 평소 아무 의심 없이 말하던 "당신에게 한눈에 반했어요" "나는 사랑에 빠져버렸어요" 같은 고백 속에 이미 존재하고 있다.

특히 철학자 헤겔Georg Wilhelm Friedrich Hegel은 낭만성을 사랑의 필요조건으로 보았던 것 같다. 《법철학강요Grundlinien der Philosophie des Rechts》에서 헤겔은 "사랑은 일반적으로 나와 타자 사이에 통일이 이루어져 있다는 의식을 뜻하는 것"이라고 설명한다. "그러므로 여기서 나는 고립되어 있는 것이 아니라 오히려 나의 독자성을 포기하고, 나아가 나와 타자 그리고 타자와 나의 통일을 자각함으로써 나의 자기의식을 획득하게 되는 것이다."

헤겔이 정의한 사랑은 나와 타자가 합일된 통일의 상태이다. 나라는 세계의 존재를 과감히 털어버리고 타자의 세계 속으로 뛰어들어 서로 하나가 되는 것이다. 헤겔은 개인은 독립된 인격이 아니라 그 성원으로 존재하는 것이라고 믿고 '우리'가 되기 위해 '나'를 포기하는 것을 당연시했다. 이 말은 유명한 팝송의 제목 "I'm yours(난 너의 것)"처럼 낭만적인데, 두 사람이 서로 이룬 통일을 의식하는 것은 결국 나와 타자가 하나가 되었다는, 1+1=1이 되는 혼연일체의 사랑을 의미한다. 이런 낭만적 통일이 바로 헤겔이 생각한 사랑이었다.

그러나 서로의 합일이라는 낭만적인 말에 고개를 끄덕이면서도 한편 불편해지는 이유는 과연 나와 타자 사이에서 합일이 가능할 수 있을까 하는 강한 의문이 들기 때문이다. 내가 상대에게 보낸 100이라는 진심과 열정이 과연 상대에게 무사히 100만큼 전달될 수 있을까. 사실 서로 사랑을 주고받는 마음의 정도는 결국 내가 타자의 기대를 얼마만큼 충족시키고 타자가 내 기대를 얼마만큼 충족하는지에 따라 결정된다. 내가 100이라는 마음을 주면 상대가 기뻐하리라는 건 온전히 나의 기대에 지나지 않는다. 어차피 상대가 가진 기대에 따라 충족과 불만족이 결정되기 때문에 서로의 마음의 차이는 매순간 괴리를 발생시키기 마련이다. 때문에 남녀가 서로 합일된다는 뜻은 서로의 기대를 매순간 충족시킨다는, 현실에서 도저히 불가능한 조건과 같다. 이런 사랑법을 가진 사람끼리의 사랑은 서로의 기대를 끊임없이 충족시켜야 한다는 불가능한 조건 속에서 필연적으로 지속적인 갈등을 야기하며 결국 유아론적 사랑 태도를 탄생시킨다.

"내가 너에게 최선을 다해서 이만큼 했으니, 너도 나에게 최선을 다해 이만큼 줘야 한다."

즉 나의 주관적 생각에 따라 둘이 하는 사랑의 질을 판단하는 이기적인 결과를 가져오게 되는 것이다. 사랑은 서로의 합일이라는 강한 목적 아래 서로를 점차 구속하고, 사랑의 의의와 의미를 모두 '우리'를 지키는 것으로 규정하게 된다. "네가 연락을 잘해야만 내가 널 믿고 사랑할 수 있다"는 식의 강압적 조건들로 점점 조건부 사랑을 하고 상대에게 꾸준한 책임을 요구하며 어떻게든 '우리'로 종속시키려 애를 쓴다.

물론 누군가는 이것을 구속이 아닌 커플 간의 마땅한 요구나 정당한 규정이라고 말할 수 있겠지만 어떤 규정도 한 개인의 독립성까지 훼손시킬 정도로 중할 수는 없다. 만약 이렇게 상대의 상대성까지 무시한다면 서로 사랑을 하는 것이 아닌 '서로가 믿는 사랑'만을 지키기 위한 사랑을 하는 것과 다름없다. 상대라는 존재를 인정하고 관계 맺고 있는 상태가 아니라, 내 것이 될 때만이 진짜라는 소유 확신으로 관계를 맺고 있는 것이다. 여기서 '상대를 언제든 내가 원하는 대로 할 수 있어야 한다'는 생각은 나와 타자를 가장 첨예하게 대립시키는 원인이 된다. 이런 유아론적 사랑을 당연시하는 커플은 상대를 통해 자신의 결핍을 어떻게든 채우려 하지만 결코 채우지 못하고, 둘 중 하나가 지치고 나서야 그 관계가 끝이 난다.

사랑의 타자성과 윤리적 책임

사랑의 대상은 우리의 외부에 있어 나의 지배나 파악을 벗어
나 있다. 애당초 내가 지배하고, 파악하고, 통제 가능한 것은
사랑의 대상이 될 수 없다. 나를 똑바로 쳐다보고, 결코 나에
게 몸을 맡기지 않는 것. 그러한 것만이 나의 욕망에 불을 붙
인다. (…) 사랑에서는, 우리가 갈구하고 그것에 접촉하기를
간절히 바라는 바로 그 대상에, 우리는 이미 결부되어 있다.
무언가에 '손이 닿지 않는다'고 느낄 수 있는 것은 '손이 닿지
않는 것'을 갖는 방식으로, 이미 그것에 닿아 있기 때문이다.

_우치다 타츠루內田樹, 《레비나스와 사랑의 현상학 レヴィナスと愛の現象學》
(갈라파고스, 2013), 264~265쪽.

레비나스Emmanuel Levinas는 사랑의 대상을 대하는 나의 자세
즉 '타자성'의 인식을 가장 중요시했다. 타자라는 이미 나의
외부에 존재한 독립적인 주체를 어떤 지배나 통제 가능한 존

재가 아니라고 인정하는 시작만이 모두가 원하는 정상적인 사랑을 가능케 한다고 생각한 것이다. 타자를 만지고 그와 가까워지고 싶다는 갈망은 이미 나의 손에 닿지 않았음을 전제한다. 타자란 애초부터 내가 범접할 수 없는 대상이며, 만약 나의 손에 닿는 위치에 타자가 놓여 있다고 믿는다면 그때부터 지배이고 통제이며 닳아 없어질 비관적 사랑을 예고하는 것과 같다.

또한 그는 "존재란 자아의 자유가 아니라 타자를 위한 윤리적 책무로서 먼저 존재한다"고 말했는데, 이는 어떤 상황에서도 자아라는 독선적 '자유'가 타자라는 '책임'보다 우선될 수 없다는 뜻으로, 그 어떤 가까운 사이일지라도 타자라는 세계는 절대 침범할 수 없는 영역임을 깨달아야 한다는 경고이다.

사랑을 독서에 비유해보자. 예를 들어 만약 당신이 들고 있는 그 책은 단지 많이 팔렸다는 이유로 고른 것이 아니라 개인적인 취향에 따라 선택했다고 가정하자. 그리고 그 책을 천천히 정독할 때를 생각해보자. 사실 독서란 읽고 싶던 책 안의 텍스트를 일방적으로 읽어들이는 행위가 아니다. 나만의 독특한 방식으로 작가의 이야기를 받아들이고 새롭게 의미를 부여하는 능동적이며 창조적인 행위다. 그렇기에 똑같은 한 권의 책도 그것을 읽는 독자들의 의식에 의해 다양하게 의미가 부여되기 마련이다. 우리는 한 권의 책에 단순히 좋고 싫다라는 이분법적 느낌이 아닌 각자의 의미를 부여하고 다양하게 교감할 수 있다. 중요한 건 그렇다고 해서 그 책에 적힌 의미나 본질이 변하는 것은 절대 아니라는 사실이다. 책은 외부에서 오롯이 존재할 뿐이다. 이것이 바로 타자성이다. 타자도 마치 책처럼 내가 어떤 의미로라도 상징을 부여할 순 있지만 그런다고 해서 타자의 가치나 존재가 달라지지는 않는다.

우리가 책을 본다고 하지 않고 읽는다고 하는 이유는 흡사 사랑을 받는 것이 아니라 하는 것이라 말하는 이유와 같다. 타자에게 일방적인 의미를 부여하지 않고 상대방 입장에서 이해하고 공감하면서도 평생 이방인처럼 여길 줄 알기 때문이다. 이런 타자성을 유지하면서 사랑을 하는 품위 있는 사람은, 인간이기에 어쩔 수 없다며 매번 채울 수 없는 욕망을 타자에게 투영시켜 받아내는 사람보다 더욱 큰 포만감과 기쁨을 사랑을 통해 얻는다. 사랑하는 사람을 예측 불가능하고 경이로운 타자라 견지하고 사랑할 때 느끼는 행복함은 마치 인생에서 좋은 책을 만나는 반가움과 같다.

잘 생각해보면 우리가 누군가를 좋아한다는 감정은 상대가 완전한 타자이기 때문에 강렬한 것이다. 타자가 타자로 남지 않고 내 소유가 되면 그 강렬함은 언제든 필연적으로 소멸된다. 산을 오르다 코끝을 찌르는 향기를 품은 꽃을 처음 발견했을 때를 떠올려보라. 그것은 처음에는 온전히 강렬한 타자로 존재했다. 그러나 그것을 꺾어 집에 가져와서 내 화병에 꽂는 순간 꽃이라는 존재는 소멸되고 타자성은 파괴된다. 소유욕구가 결국 타자의 세계를 무너뜨린 것이다. 너는 내 남자친구니까, 너는 내 여자친구니까, 너는 내 남편이므로, 너는 내 아내이므로, 너는 내 자식이니 마땅히…… 관계의 긴밀성을 이유로 점점 더 갖고자 하는 소유욕구가 확장되어 동등하지 않은 차별적 권력관계로 변질된다. 사랑도 하나의 윤리적인 책임이라는 최초의 사실을 잊어버리고 점차 타자의 세계를 부정하며 끝내는 나의 세계 속으로 종속시키려는 강제성을 발동시키는 것이다.

레비나스는 사랑은 개인의 욕망의 탈출구가 아니라 타자에 대한 윤리적 책임이라고 생각했는데, 여기서 윤리적 책임이란 기꺼이 내가 누군가를 위해 죽을 준비가 되어 있다 하더라도 정작 그 누구도 자신을 위해 죽으라고 강요할 수 없는 비대칭성을 말한다(이 점에서 헤겔의 조건적 사랑 즉 유아론적 사랑과 차이가 있다). 레비나스는 내가 네게 100만큼 사랑을 줬으니 너도 내게 100의 사랑을 달라는 강요는 무의미하고 애초에 불가능하다는 것을 설명하며, 언제나 사랑은 불규칙하고 모호함을 반드시 인정해야 한다고 강조한다.

사랑은 이중성을 가지고 있다. 손에 닿지 않기에 강렬하며 손에 닿지 않기에 불안하다. 그래서 타자라는 불평등성과 모호성을 거부하고 어떻게든 접촉하고 내 것으로 소유하려고 한다. 알량한 권력을 통해서라도 타자를 지배하고 통제하고픈 욕구를 충족하려 한다. 그러나 결국 내 손에 쥐어진 것들은 모두 가짜이며 흔적도 없이 아스러진다. 무언가를 얻었다는 확신은 도리어 상대를 통해 채우고 받으려는 것에만 집중하려는 나약한 태도다.

보통 우리는 남들보다 많이 가지고 있는 사람을 부자라고 칭하지만 사실 많은 것을 가지고 있어도 쓸 줄 모르는 사람이 진짜 가난한 사람이다. 사랑의 영역에서도 특히 이런 빈부의 차는 확실하다. 사랑을 준다는 의미는 교환이 아니라 자신 속에 살아 있는 생명력과 건강함과 지식을 상대에게 표현하고 기꺼이 제공한다는 것을 의미한다. 또한 타자와 간격을 유지하면서도 얼마든지 자연스럽게 타자의 생동감과 성장을 발현시키는 데 기여한다는 것이며 그 소중함을 기꺼이 공유할 줄 아는 것이다. 반면 사랑을 받아야만 줄 수 있는 사람은 이렇듯 사랑을 주는 행복감의 의미를 끝까지 이해하지 못한다. 그래서 그들은 평생 가난한 사랑을 하게 되는 것이다.

이런 의미에서 레비나스의 타자성은 타인의 세계를 향유하는 극적인 경험이다. 호수는 자신이 넘칠 것을 알지만 내리는 비를 모두 받아낸다. 비를 사랑하기 때문이다. 절대 비도 호수의 것을 비우라고 하지 않는다. 그냥 호수를 믿고 뛰어 들어간다. 이렇듯 사랑은 비인 듯 호수인 듯 오직 '주는 데'만 집중하면서 자연스레 뒤섞이다가 끝내 서로가 닮아가는 것이다.

둘만의 신세계 구축

헤겔이 1+1=1이어야만 사랑이라고 믿었다면, 레비나스가 1≠1라고 보고 타자성의 보존을 통한 윤리성을 사랑으로 여겼다면, 바디우는 1과 1이 더해져 2라는 개별적인 실존세계를 구축하는 것이 바로 사랑이라고 정의했다.

《사랑 예찬》에서 바디우는 사랑의 주체는 세상에 유일한 주체로서 서로의 차이라는 프리즘을 통해 새로운 세계를 탄생시킨다고 말했다.

어렵게 써놓았지만 우리가 연애할 때의 경험을 상기해보면 어렵지 않다. 평소 즐기던 공원 산책도 사랑하는 이와 함께 가면 이상하게 모든 것이 새롭게 와 닿는다. 단순히 걷는 것이 기존의 목적이었다면, 사랑하는 사람의 존재 하나로 평소 보지 못했던 땅 위를 걸어 다니는 듯 신세계가 펼쳐지는 것이다.

자신보다 몇 배나 큰 나뭇조각을 짊어지고 가는 개미를 발견하고, 평소보다 길어진 노을을 발견하고, 산책 나온 강아지와 인사 나누며, 꽃향기에 잠시 발걸음을 멈추고…… 그녀와 함께 바라보는 내 시선은 분명 기존과 전혀 다르지 않지만 새로운 것들을 발견하고 목격한다. 사랑 이전의 나 중심적이던 시선에서 벗어나 타자의 시선을 긴밀히 공유하고 그와 어우러짐으로써 새로운 세계의 탄생을 체험하는 것이다. 바디우는 이처럼 똑같은 현실 속에서도 내가 사랑하는 여인과 함께일 때는 새로운 세계를 보고 있음을 자각하고 인식하는 것이 바로 '사랑'이라 설명했다. 그리고 이런 경험들을 둘이서 차곡차곡 쌓아가는 것을 사랑의 '구축'이라 정의했다.

분명 같은 장소에서 같은 것을 바라봤지만 함께 '경험'했다고 하는 것을 넘어 '구축'이라고 표현한 이유는 너와 내가 하나의 창을 통해 동일한 세계를 바라본 것은 아니기 때문이다. 즉 함께 같은 것을 보았더라도 서로 어디서 보는지에 따라 프리즘을 통과하며 빛이 굴절하듯 색깔의 차이가 있음을 인식하는 태도의 중요성을 강조한 것이다.

바디우는 특히 내가 아무리 뜨겁게 사랑하고 있어도, 아무리 오랫동안 그녀를 알아왔다고 해도 절대로 그녀가 바라본 광경과 맡은 향기 그리고 그녀가 인식한 의식을 순수하게 인지할 수는 없음을 강조했다. 이때 사랑하는 사람과 함께 바라본 것을 인식하는 사람은 바로 나라는 주체이지 절대 실체인 그녀의 눈과 귀와 감정은 아니라는 것이다. 그래서 내가 보고 느낀 것이 상대방과 같을 것이라는 인식 자체야말로 '나는 네 모든 것을 알고 있다'는 유아론적 믿음에 빠지는 것과 같으며, 그 착각은 타인이라는 무한성의 주체를 배제하고 파괴하는 시작임을 경고한 것이다.

어쩌면 바디우가 말한 구축은 '균형'을 뜻하는 것일지도 모른다. 서로 사랑을 시작하고 관계의 영원성을 믿으며 굳이 시간을 의식하지 않고 매순간의 사랑에 집중하며, 요구하고 받는 관계를 통한 계산적인 균형이 아닌 오직 주는 사랑을 실천함으로써 이상적인 균형을 이뤄간다. 사실 50대 50을 맞추는 것보다 서로가 할 수 있는 최선인 100대 100을 맞추는 균형이야말로 어떤 관계에서도 만들 수 없던 포만감과 안정감을 지속적으로 이끌어가는 사랑을 구축하는 데 유리하다.

앞서 레비나스가 타인을 통해 절대적인 신을 발견한다는 '윤리적인 사랑'을 주장한 데 대해, 바디우는 오히려 이를 경계해야 한다고 말했다. 즉 사랑 그 자체만을 놓고 보면 특별히 윤리적인 것은 존재하지 않으며 오히려 타자를 세상의 전체로 보는 시선 즉 그, 그녀를 신으로 여기며 지나치게 이타심을 보이는 것은 종교적 색채와 다를 바 없다는 것이다. 사랑은 절대 종교처럼 나를 '높은 곳' 또는 '낮은 곳'으로 인도하는 것이 아니며 오직 그대로 존재할 뿐이라고 말이다. 바디우는 서로의 '균형'을 무엇보다 강조했다. 사랑하는 사람과 눈을 마주치기 위해서는 서로를 발이 닿은 땅 위에서 함께 살아가는 존재, 수평적인 존재로 인식해야 하기 때문이다.

바디우의 말을 단번에 이해하기는 어렵지만 천천히 곱씹어보면 사실 그가 말하려고 한 사랑은 둘만의 무대 위에 선 두 주인공이 동등한 존재라는 사실을 인식하는 것이다. 이 두 주인공이 서로의 모습 그대로를 사랑할 줄 아는 균형적인 시각을 가질 때 함께 걸어갈 길이 희망적으로 시작될 수 있고, 서로의 관계를 수평적인 존재로 인식할 때 오래 함께할 수 있음을, 그리고 순간순간 자신이 가진 진실성을 상대에게 그대로 보여줄 때 서로에게 집중할 수 있음을 말한다. 애써 잘 보이기 위해 또는 감추기 위해 부단히 노력하는 것이 아닌 진실 그대로의 모습을 보여줄 때 서로를 해치는 기대라는 덫을 놓지 않을 수 있다. 또한 이런 진실된 사랑 선언은 기존에 각자가 가진 일상적이고 단편적인 세계에서 벗어나게 하며 끊임없이 오직 둘만의 세계를 구축하게 한다.

그렇다. 사랑은 나만의 반복된 삶에서 탈피해 보다 확장된 시각으로 세계를 재발견하게 하고 너와 나의 균형적 시선을 갖게 만드는 힘이 있다. 그럼으로써 홀로 있을 때의 방종이 아니라 내가 스스로 결정하는 자유의 힘을 확인시켜준다.

채워지지 않는 욕망

　프랑스의 정신의학자 라캉은 우리가 상처를 받았다고 느끼는 이유는 '결핍' 때문이라 진단했다. 우리가 살아가면서 점점 작은 존재, 하찮은 존재임을 깨닫게 되는 이유는 부대끼는 사람들을 통해 내가 가지지 못한 것을 확인하고 결핍을 수시로 직면하기 때문이다. 이에 대해 라캉의 정신분석학을 깊게 연구한 철학자 슬라보예 지젝Slavoj zizek은 저서 《삐딱하게 보기Looking Awry》에서 "불안을 불러일으키는 것은 대상의 결핍이 아니라 반대로 우리가 대상에 너무 가까이 다가감으로써 결핍 자체를 상실할 위험이며, 욕망의 소멸이 결국 불안을 초래한다"고 했다. 즉 무언가를 갖지 못해서가 아니라 원하던 것을 마침내 갖게 되면 욕망이 사라질 것을 두려워함으로써 미리 불안을 느낀다는 것이다.

　개인적으로 이 두 철학자의 '결핍'에 대한 시선은 시점의 차이가 있을뿐 둘 다 옳다고 생각한다. 좋아하는 상대방을 얻지 못하리라는 데 대한 두려움 그리고 극적으로 커플이 되었지만 언제라도 상대방이 사라질지 모른다는 불안감. 모두 나를 작고 하찮게 만들 수 있는 불편함이 되기에 충분하지 않은가.

만약 이런 추론대로라면 우리가 상대방의 결핍을 알 수만 있다면 그가 어떤 사람인지 이해하는 데 조금은 도움 되지 않을까? 마치 드라마 속 주인공들의 태도를 도저히 이해할 수 없다가도, 뒤늦게 어떤 상처를 끌어안고 살아왔는지 밝혀지고 나면 이해할 수 있게 되듯이 말이다. 예를 들어 부모를 일찍 여읜 사람은 상대적으로 마음을 주고받는 데 서툴 순 있지만 누구보다 빨리 행복한 가정을 꾸리고 싶어할 것이고, 아버지 사업의 부도로 어려서부터 금전적인 어려움을 겪었다면 누구보다 물질적 결핍을 느끼고 돈에 강한 열망을 가질 것이다. 이렇게 개인의 결핍은 그 사람이 인생에서 무엇을 우선 채우길 원하는지를 말해준다. 다만 이런 접근에 보다 신중해야 하는 이유는 단순히 결핍 하나로 평가하기에 인간은 매우 복잡하고 다양한 관계에 얽힌 존재이기 때문이다.

한편 라캉은 누군가에게 이끌릴 때 우리를 사로잡는 것은 그가 이룬 성취가 아니라 "그것" 때문이라고 말했다. 라캉은 '그것'을 결코 충족될 수 없는 인간의 가장 깊은 욕망의 대상이라고 정의했다. 이해하기 쉽게 '그것'을 상대가 완벽하길 바라는 나의 기대라고 이해해도 될 것 같다. 당연히 우리의 기대는 결코 만족에 도달하지 못한다.

러시아의 대문호인 톨스토이Lev Nikolayevich Tolstoy는 〈사람에게는 얼마만큼의 땅이 필요한가Mnogo li cheloveku zemli nuzhno〉라는 단편소설을 통해 인간의 허영의 끝을 절실히 보여준다. 주인공 바흠은 1,000루블만 내면 해 뜰 때부터 해 질 때까지 걸어서 돌아온 땅을 모두 주겠다는 조건에 끝모를 욕심을 부리다가 숨져 고작 자신의 키만 한 무덤밖에 얻지 못한다.

매번 실패하면서도 여전히 언젠가는 만족에 도달할 거라는 막연한 충동을 느끼는 것 그 자체가 이미 무모하다. 라캉은 이런 이유로 인간을 늘 부족한 존재, 즉 욕망이 줄어들지 않는 안타까운 존재로 보았다. 그래서 그가 말한 '그것'은 보통 누군가를 보고 끌렸던 이유가 단 하나가 아니라 여러 가지일 수 있음을 말해준다. 내가 가지지 못한 것을 그가 가졌다는 확신, 내가 원하는 것을 앞으로 그가 가질 것 같은 막연한 기대, 나보다 모든 면에서 우월할 거라는 환상…… 이 모든 것들이 '그것'의 정체다.

인간이기 때문에 누구나 상대가 가진 부, 미모, 명예로 '그것'을 강렬하게 느낄 순 있지만, 분명 이 모든 것은 단지 내게 결핍되었을 뿐 아니라 상대방에게서도 언제든 없어지고 늙어가며 사그라질 수 있다.

서로가 상대에게 바라는 '그것'을 통해서만 지지되는 관계는 결국 '그것'으로 상대를 억압하다가 관계가 소실된다. 보통 기대에서 억압으로 전환하는 계기는 상대를 내가 웬만큼 안다고 확정했을 때부터이며, 이때부터 상대의 독립성을 조금씩 침범하기 시작한다.

모든 인간은 가슴에 욕망이라는 채울 수 없는 샘을 지니고 태어난다. 누구나 출생 직후 엄마라는 대상과 완벽한 일체성을 기대했다가 실패하는 '좌절'을 경험하기 때문이다. 아이는 엄마를 이해할 능력이 없기에 오직 소유하기 위해 사랑과 관심을 받고자 부단히 노력한다. 울기도 하고, 고집도 부리며, 일부러 다치기까지 한다. 이렇게라도 상대를 지배할 수 있다는 욕망이 시작되고, 채우고 채워도 내 것이 되지 않는 결핍을 느끼면서 그 욕망은 점차 강화되는 것이다. 어떻게든 상대를 잡아 끌어당기려는 일관성은 처음 상대에게 가졌던 순수한 호기심과 관심을 잃게 만들고 결국 상대의 존재까지 해치게 된다. 마치 우리가 한때 엄마의 잠을 방해하고, 식사를 못 하게 하며, 모든 시간을 독식하려 했듯이 말이다.

인간의 깊은 욕망인 라캉의 '그것'을 통해 기억해야 할 것은 내가 상대에게 특별함을 느끼는 이유는 오직 그 특별함을 나 스스로 발견했기 때문이지 상대가 원래부터 특별한 존재는 아니라는 사실이다.

이 땅의 모든 다이아몬드는 흑연과 다름없는 평범한 광물이 끊임없는 열과 압력을 받아 만들어졌다. 나와 다르지 않은 타인의 평범함을 하루 빨리 인정하고 직시할 줄 알아야 한다. 상대에 대한 기대의 지배를 벗어나 상대의 있는 그대로의 모습을 온전히 인정할 때, 그리고 완전한 평범함을 언제든 받아들이는 개방성이 확보될 때, 비로소 사랑이라는 거칠고 예측 불가능한 망망대해에 배를 띄워 즐길 만반의 준비가 된다.

만약 거울이 얼룩져 있다면 거기 비친 모든 사물은 얼룩져 보인다. 사랑을 하는 주체인 내가 스스로 그 얼룩을 지우지 않는 이상 어렵게 찾아낸 상대라도 잠시 떨림을 느끼다가 결국 흠결과 마주하게 되기 마련이다. 그리고 끝내 그 불편한 반복에 좌절하게 되는 것 또한 바로 자신일 것이다.

이 얼마나 아이러니한가. 나의 채울 수 없는 욕망에서 비롯된 '그것'으로 상대를 좋아하게 되었지만 결국 '그것'을 채울 수 없다는 상실감에 상대를 떠나는 반복. '그것'을 끝까지 버리지 못해 평생 무거운 쓸쓸함만 남게 되는 불행. 고작 자신의 머리부터 발끝까지 뉘일 무덤만 한 땅밖에 얻지 못한 안타까운 사랑의 연속이란.

사랑은 기술

사랑처럼 엄청난 희망과 기대 속에서 시작되었다가 반드시 실
패로 끝나고 마는 활동이나 사업은 찾아보기 어려울 것이다.
(…) 우리 문화권의 사람들은 사랑의 경우 명백히 실패하고 있
으면서도 왜 사랑의 기술은 도무지 배우려고 하지 않는가?
_에리히 프롬, 《사랑의 기술 *The Art of Loving*》(문예출판사 2006), 17~18쪽.

사회심리학자이자 철학자인 프롬이 돈이나 특권을 얻기 위
해서라면 어떻게든 배우려는 현대인들에게 던진 질문이다. 누
군가 가장 소중한 것을 물어보면 하나같이 '사랑'이라고 말하
면서 정작 사랑의 기술은 왜 배우지 않느냐고.

보통 기술이란 사물을 쉽게 다루기 위한 방법이나 능력을
뜻한다. 이런 이유로 이성의 마음을 홀리는 기능적 수단으로
오해할 수 있겠지만, 그가 말한 '사랑의 기술'은 사랑에 대한

준비이며 상대를 충분히 이해하기 위해서 필요하다. 이런 준비에는 무엇보다 지식과 꾸준한 노력의 결합이 중요하다.

그렇다면 누구나 사랑을 갈망하면서도 정작 사랑의 기술을 배우려는 노력에 소홀했던 이유는 무엇일까? 프롬은 다음과 같이 진단했다.

우선 대부분의 사람들이 사랑을 '받는 것'으로 여긴다. 보통 사랑을 상대가 나를 행복하게 해주는 즐거운 감정의 조건으로 규정하고, 자신은 충만한 사랑을 받는 사람이 될 거라고 기대한다. 물론 이런 기대심리는 사랑을 하는 사람이라면 당연히 가지기 마련이지만 사랑은 일방적인 한 방향이 아닌 쌍방의 교류이고 서로 주고받는 메아리와 같은 것이다. 이처럼 막연히 사랑을 받는 것으로 여기는 데는 사랑의 낭만성을 수단으로 파는 미디어 등 여러 가지 이유가 작용하겠지만, 무엇보다 개인이 그만큼 사랑에 준비가 필요하다는 생각조차 하지 않기 때문이다.

우리는 새로운 곳으로 여행을 떠나기 전에 그곳에 대해 미리 알아본다. 그러나 사랑이라는 여정을 떠나는 데 있어서는 준비는커녕 오직 과거의 경험이나 주변의 조언에 의존한다. 처음 가는 행선지에 모든 것이 새롭고 불안했던 마음은 잊고, 단 한 번의 경험만 있어도 처음보다 쉽게 여겨버리는 해이한 태도, 막연한 추측이 생겨난다. 그 경험으로 인해 오히려 사랑에

게을러지고 점점 하찮게 생각하게 되지 않았던가. '첫사랑'이 누구에게라도 특별한 이유는 모든 것이 새롭고 불안했기에 인생에서 가장 순수하게 온 열정으로 사랑할 수 있던 유일한 때라서가 아닐까. 한번쯤 연애라는 경험을 한 후에 사랑을 단순히 경험의 축적으로 여기는 사람들은 말한다. "사랑 별거 없어, 해봤더니 다 똑같아. 만나서 밥 먹고 그러다 함께 자고 또 일어나서 먹으러 가고." 그러나 이런 연애를 반복하는 사람들은 왜 상대가 밥을 먹을 때 자신의 밥 대신 나의 밥에 반찬을 얹어주는지, 잠결에 일어나 이불을 나에게 덮어주며 열린 창문을 닫고 잠드는지 알 리가 없다. 매번 똑같은 목적지로 떠나는 여행처럼 반복으로 여기지만 사실 사랑은 미지의 행성으로 떠나는 탐험이다.

두 번째로 사랑을 '능력'의 문제가 아니라 '대상'의 문제로 여기기 때문이다. 운만 좋다면 사랑은 누구나 한번쯤 할 수 있는 경험이다. 취업처럼 자격이 따로 필요하지도 않고 별다른 노력을 하지 않아도 드라마처럼 언젠가는 찾아올 환상으로 여겨진다. 게다가 타자와 가장 가까워지는 단 한 번의 경험만으로 사랑을 어느 정도 이해했다는 안도감을 갖게 된다. 그리고 그 안도감은 사랑하는 일을 전보다 매우 쉽게 만들어버린다. 흔히 사랑에 대한 관심은 사랑을 잘 하는 것보다는 사랑을 잘 시작하는 것에 대한 관심으로 변질된다. 그래서 서점에 가서 달달한 연애소설로 낭만성을 채우고, 인터넷에서 화제가 된

남들의 연애경험 또는 SNS의 감성 글로 위로받고, 스스로 진지하게 들여다볼 기회를 회피하고 연애 방법론부터 찾아본다. 어떤 사랑이 보기 좋고 낭만적인 것인지부터 습득하고, 그런 사랑을 위해 어떻게 옷을 입고, 어떤 매너를 보이고, 어떤 대답을 해야 한다는 처세와 전략으로 사랑을 수단화시킨다. 결국 자신을 시장에서 잘 팔리는 매력 있는 상품으로 만들어 내놓는 것과 다르지 않다. 내적 준비라는 장기적인 능력은 미뤄두고 오로지 단기적인 외적 준비에만 치중한다.

세 번째는 사랑에 '빠지는' 상태만을 사랑으로 혼동하기 때문이다. 사랑의 만남은 모두 다르지만 최초 느끼는 격앙되고 고조된 감정은 누구에게나 강렬하기 마련이다. 특히 사랑을 잘 모르던 사람일수록 그 감정에 매몰되어 깊게 빠져버린다. 이런 감정에 성적 결합까지 더해지면 상상만 했던 황홀함에 둘의 긴밀함이 촉진되어 분명한 사랑임을 확신한다. 그러나 강렬함에 잠겨 서로에게 미쳐버리는 모습은 마치 소금을 뿌린 미꾸라지 같다. 서로의 몸을 격렬히 비비며 생존에 필요한 점액질을 벗겨내고 서서히 죽어가는 것과 다름없다. 처음 서로에게 확신을 주며 열심히 부풀렸던 거품은 서로를 알아가는 동안 숨이 죽어 급히 꺼져버린다. 시커먼 실망만 남길 뿐이다. 그래서 프롬은 이렇게 말했다. "이런 순간적인 열중은 기껏해야 그들이 서로 만나기 전에 얼마나 외로웠는지만 입증하는 것일 뿐이다."

어쩌면 사랑이 가능한 이유는 인간에게는 '스스로를 아는 생명'으로서 이성이 부여되어 있기 때문일 것이다. 이 이성으로 인해 우리는 미래에 확실히 다가올 '죽음'과 선명히 남겨진 '시간'이라는 과거 그리고 그사이에서 불안을 느끼는 '나'라는 존재를 인식하며 살아갈 수 있다. 그래서 모든 사랑은 '나'라는 존재를 아는 것으로부터 시작된다. 특히 인간이 불안을 느끼는 원초적인 이유인 '분리경험(양육자에게서 분리되는 불안)'은 사랑을 더욱 필요로 하게 자극하고 강화시킨다. 마치 엄마와 떨어진 아기의 공포스러운 불안이 애착을 강화시키듯 말이다.

프롬은 이런 분리상태를 극복하는 것이야말로 바로 합일된 사랑의 조건이 된다고 말했다. 인간은 누구나 자연이라는 초월적인 힘과 사회라는 거대한 힘 앞에서 나란 존재가 얼마나 나약하고 고독하며 단절되기 쉬운지를 원치 않아도 끝없이 자각하므로 사랑을 해야만 한다는 것이다.

하지만 인간이 행하는 모든 사랑의 행위를 정상적인 사랑으로 규정하지는 않았다. 특히 그는 가짜사랑, 사랑의 가면을 쓴 모습들 중 무엇보다 '공서적共棲的 합일'이라는 미숙한 사랑의 형태를 현대인들의 대표적인 착각으로 봤다. 공서관계는 예컨대 어머니와 태아처럼 각자의 몸체를 갖지만 보호와 의존이라는 생물학적 필요에 의해 심리적 애착이 형성된 관계를 말한다. 한쪽이 일방적으로 복종을 강요하고 다른 한쪽이 그에 따르는 사디즘과 마조히즘이 사랑의 통합성을 잃은 비정상적인 사랑을 대표한다.

> 사랑은 인간으로 하여금 고립감과 분리감을 극복하게 하면서
> 도 각자에게 각자의 특성을 허용하고 자신의 통합성을 유지
> 시킨다. 사랑에는 두 존재가 하나로 되면서도 둘로 남아 있다
> 는 역설이 성립한다.
>
> _에리히 프롬, 《사랑의 기술》, 38쪽.

프롬이 말한 성숙한 사랑은 바로 개인의 독립성을 끝까지 유지하면서 합일되는 것이다. 이 독립성의 확보에는 물론 전제가 존재한다. 바로 상대의 독립성을 대하는 나의 태도이다. 개인의 독립성은 충동에 매번 흔들리지 않고 스스로를 통제하는 자발적 능력이며 홀로 설 수 있는 정신적 건강함이다. 이런 독립성은 꾸준한 배움과 다양한 경험 그리고 기술적 마음훈련으로 충분히 기를 수 있다. 물론 독립성을 끝까지 부정하며 둘이 무조건적으로 합일되어야만 사랑이라 믿는 사람에겐 이런 독립성의 인정이 필연적으로 모든 갈등을 야기할 테지만 말이다.

인간은 누구나 사랑하는 사람이 점점 독립된 모습을 보일 때 자신이 이상적으로 생각하던 합일된 사랑과 멀어짐을 느끼고 내가 의지하고 모든 것을 바치려던 상대에게 배신감을 느낄 수 있다. 그러나 그것은 내가 얼마나 독립적이지 못했는지를 깨닫는 순간이 되기도 한다. 왜냐하면 대부분 스스로 독립

성을 갖추지 못한 사람이 언제나 홀로 남겨지며 버려졌다고 홀로 상처 받기 때문이다. 그리고 스스로 낸 이 상처는 결국 자신은 사랑받지 못하고 가치 없다 느끼며 자존감에 큰 흉터로 남는다.

만약 당신이 상대의 독립성을 인정하지 못하는 사람이라면, 또는 그것이 어렵다면 어떤 결과를 맞이하게 될까?

> 공자가 여량이라는 곳을 유람하였다. 그곳의 폭포수가 삼십 길이나 되었다. 그 폭포수에서 떨어져나온 물거품이 사십 리나 튈 정도로 험해서, 자라나 물고기 등도 수영할 수 없을 정도였다. 그런데 한 사나이가 그런 험한 곳을 수영하는 것을 목도하게 되었고 (…) 공자는 그를 따라가서 물어보았다. "물을 건너는 데 어떤 특이한 방법이라도 지니고 있는가?" 그 사나이가 대답하였다. "특별한 방법이 있겠습니까? 다만 물이 소용돌이쳐서 빨아들이면 저도 같이 들어가고, 물이 나를 물 속에서 밀어내면 저도 같이 그 물길을 따라 나옵니다. 물의 길을 따라서 그것을 사사로이 여기지 않습니다. 이것이 제가 물을 건너는 방법입니다."
>
> _강신주, 《망각과 자유─장자 읽기의 즐거움》(갈라파고스, 2014), 48~49쪽.

장자의 이야기는 프롬이 말한 두 가지 중요한 사실을 다시 강조한다. 하나는 수영을 할 때 물을 타듯, 사랑도 타자와 연결하기 위해 끊임없이 배우고 익히고 훈련하는 과정을 반드시 겪는다는 것. 또 다른 하나는 물의 방향을 절대 예측할 수 없듯이 상대를 먼저 예측하려 하지 말아야 한다는 것이다. 그렇지 않으면 언제든 물에 잠기고 숨이 막힌다.

독립성은 이별과 매우 관련이 깊다. 대부분 우리가 이별을 두려워하는 이유는 두 가지다. 그 사람과의 사랑이 단절되리라는 비극적인 상상 그리고 혼자가 되어 외로움에 다시 직면하는 데 대한 두려움. 만약 당신이 사랑의 단절을 두려워한다면 상대의 만족을 위해 현재에 오롯이 집중하면 된다. 그러나 오직 자신의 외로움과 마주하기를 회피하고 수단적 사랑으로 연인을 의무감만으로 대한다면 수동적으로 상대에게 모든 것을 의존하게 된다. 다시 홀로 설 자신의 초라함에 대한 두려움을 극복하고 언제라도 혼자가 될 수 있음을 준비하는 독립성은 나에 대한 신뢰를 높일 뿐만 아니라 상대를 주체적으로 인정하기 때문에 신의 있는 사랑을 할 수 있는 밑거름이 된다.

"나는 그를 누구보다 최선을 다해서 사랑했다. 심지어 나보다 열심히 사랑했단 말이다."

한 사람에 대한 사랑이라는 열정이 왜 매번 제대로 안착되지 못하고 보상받지 못하며 허무하게 끝날까 회의가 몰려올 때면 프롬의 말을 상기해본다.

예를 들면 어떤 사람은 깊은 불안감과 고독감에 쫓겨 끊임없이 일하고, 또 어떤 사람은 야망이나 돈에 대한 탐욕에 쫓겨 끊임없이 일한다. 이 모든 경우에 사람들은 열정의 노예이고, 그들은 쫓기고 있으므로 사실 그들의 활동은 '수동적'이다. 곧 그들은 '행위자'가 아닌 '수난자'이다.

_에리히 프롬, 《사랑의 기술》, 39쪽.

나는 과연 행위자였나, 아니면 수난자였나. 우린 보통 '열정' 하면 무엇에 열중하는 모습을 생각하며 적극적이고 능동적인 모습에서 그것을 확인하고자 한다. 그러나 곰곰이 생각하면 우리가 어떤 행위를 어떻게 하는지보다 어떤 마음으로 하게 되었는지가 더 중요하다. 프롬의 말처럼 쫓김에 의한 행동 즉 주체적 의지 없는 모든 행위는 수난자적 행위와 다름없다. 그 누구도 개에 쫓기는 닭을 바라보면서 열심히, 열정적으로 뛰고 있다고 말하지 않듯이 말이다. 우리는 삶에서도, 특히 사랑에서는 '수난자'가 아닌 '행위자'가 되어야만 한다.

만약 내가 열심히 최선을 다했다고 하면서 대상에게 여전히 서운함을 가지고 있다면 상대의 인정이라는 목적에 쫓긴 것이며, 내 일거수일투족을 상대에게 수시로 연락하고 상대에게도 똑같이 바란다면 불안감에 쫓긴 것이다. 물론 모든 잘못에 대해 스스로를 탓하자는 의미는 절대 아니다. 왜 우리가 상대를 만나러 가고, 손잡았으며, 웃었는지, 그리고 사랑하게 되었는지 잊지 말자는 것이다. 모두 내가 좋아해서, 내가 원해서 사랑해온 것이다.

그런 의미에서 사랑이라는 단어에는 어떤 목적을 위한 애씀을 뜻하는 노력이라는 말이 다소 안 어울릴지도 모른다. 내가 원해서 상대에게 열중하지 않고 남자친구라는 또는 여자친구라는 하나의 역할로서 노력만 하게 되는 순간 서운함이 시작된다는 것을 기억해야 한다.

닮음에서 확장으로

'바람직한 사랑'이란 과연 어떤 것일까? 무엇보다 '닮다'라는 단어가 먼저 떠오른다. 그 어원인 중세어 '닮다'는 '물들다'의 의미로 쓰였다. 같은 방향을 바라보고 함께한 시간의 닿음만으로도 가슴 깊숙이 물들어가는 '닮음'은 그만큼 감동적인 사랑의 과정이다.

누구를 만나든 서로의 차이를 줄이려는 노력은 필연적이나, 내 것을 모두 상대방에게 준다고 해도 서로 닮을 수 있는 것은 아니다. 오히려 나를 지키며 상대를 이해하는 것부터 시작해야 한다. 상대와 하나라는 느낌은 일시적으로 결속감과 안정감을 주긴 하겠지만 완벽하게 일치되는 상태란 불가능하기에 언제나 불안의 여지가 있다. 그러므로 서로의 독립성을 버리고 의존하는 관계가 아닌 끈끈한 연대적 관계로 서로 닮아가는 것을 지향한다. 이런 건강한 닮음을 위해서는 누구보다 상대방을 잘 알아야만 한다. 무엇을 원하고 좋아하는지에 대한 관심 어린 관찰과 그것들을 찬찬히 이해하는 과정, 그리고 알게 된 것들을 마냥 확신하지 않고 들여다보기를 멈추지 않는 끈기가 필요하다.

상대가 원하는 대로 나를 바꾸려는 피동적 사랑이 아니라 상대를 위해 나의 변화를 주도하는 주체가 되는 것이다. 1차원적으로 주는 데서 그치는 사랑이 아니라 받는 이에게 잘 전달되었는지까지 확인하는 다차원적 사랑 접근이다. 이런 명확하고 사려 있는 태도로 상대를 바라볼 때 비로소 타자성과 조우한다. 이런 서로의 지속적인 노력은 볼품없는 나무토막 같던 자신들을 천천히 정성스레 깎아 점차 서로가 고대하던 모습의 조각상과 닮아가게 된다. 이런 인고의 결과가 바로 사랑하는 사람들의 '닮음'이다.

> 만일 내가 어떤 사람에게 '나는 당신을 사랑한다'고 말할 수 있다면 '나는 당신을 통해 모든 사람을 사랑하고 당신을 통해 세계를 사랑하고 당신을 통해 나 자신도 사랑한다'고 말할 수 있어야 한다.
> _에리히 프롬, 《사랑의 기술》, 70쪽.

내가 누군가와 긍정적으로 닮아간다는 건 그만큼 바람직한 사랑을 온몸으로 체험하고 있다는 증명이다. 그 사랑은 거대한 바닥을 채운 도미노들 사이에서 힘없이 서 있던 너와 내가 서로 맞부딪치게 해 하나의 작품을 완성하는 시작이 된다. 이처럼 사랑이라는 에너지는 나비효과처럼 비록 작지만 강렬해서 너와 나의 날갯짓만으로도 닿지 않던 멀리까지 확장될 가능성을 가진다. 사랑은 단순히 '나'라는 1차원적 개인의 가치에서 머무르는 것이 아니라, 너와 나의 2차원적 사랑에서 그치는 것이 아니라, 종교·인종·국적·성별을 극복해 전 인류에게 적용하는 3차원적 사랑인 인류애까지 확장될 수 있다.

그렇다면 한 개인이 이런 바람직한 사랑을 하게 하고 주변으로 확장시키기까지 가능하게 하는 조건은 무엇이 있을까? 지금까지 살면서 우리가 삶을 대해온 흔적이 짙게 묻은 '태도'에 달려 있다. 한 사람의 태도는 어떤 가치에 대한 선택으로 이루어진다. 마치 텅 빈 공간에 주차가 가능한 곳을 나타내는 흰색 선과 불가능한 곳을 알리는 주황색 선 같은 명백한 기준을 그려가듯 평생 스스로 태도를 내재화한다. 누구에게나 자신의 땅 위에 기준을 맘껏 그릴 자유가 부여되지만 명백히 책임이 함께하는 자유다. 태도는 곧 자유이자 책임이며 행위로 증명된다. 그래서 상대의 진실성은 백 마디 말 속에 있는 것이 아니라, 타인을 대하는 섬세한 표정 하나, 몸짓 하나처럼 사소하지만 평소 체현된 행실로 드러난다.

우리가 "네가 걱정돼"라고 말해주는 사람보다 걱정되어 달려오는 사람에게 진심을 느끼는 이유는 아무나 할 수 있는 말보다 중후한 행동의 솔직함 때문이다. 바닷물이 빠져나가면 드러나는 갯벌의 반짝임처럼 진짜는 언제나 숨겨져 있는 법이다.

그렇기 때문에 사랑은 단순히 나의 좋은 모습만 보여주려는 노력이 아니라 지금까지 축적된 나라는 사람의 진실된 태도를 발현하고 서로 확인하는 실전 무대와도 같다. 사랑 앞에서 나의 부족함을 미리 걱정할 필요는 없다. 다만 나의 부족함을 알고 스스로 인정할 수 있어야 온전한 사랑의 각성이 가능하다.

생각해보면 지나간 나의 모든 선택들은 당시로서는 최선이었다 해도 성공보다는 실패가 더욱 많았다. 특히 사랑이란 경험이 쌓인 후에도 씁쓸한 후회가 도저히 줄어들지 않았으니 말이다. 분명 나는 열심히 뛰었다고 생각했는데 땀 한 방울 나지 않았으며, 분명 나는 전력질주하고 있었는데 상대와 다른 방향으로 뛰었던 순간이 더욱 많았다. 그러나 자책하지 않고 이런 부족함을 부단히 채워나간다면 언젠가 꿈에 그리던 상대를 만나게 되었을 때 마침내 내 곁의 그 사람과 서로 닮아갈 수 있지 않을까.

사랑과 망각,
생과 사를 가르는 〈도깨비〉의 아이러니

물론 그 어떤 글과 말보다 연애를 직접 경험해보는 것만큼 빠르고 확실한 학습법은 없다. 그러나 만약 누군가 내게 사랑을 가장 재미있고 즐겁게 배우려면 어떻게 해야 하는지 묻는다면 '연애지침서'를 덮고 대신 '드라마'를 보라고 권하겠다. 요즘 드라마처럼 시대적 감각을 반영하며 현실적으로 사랑을 이야기하는 매체도 사실 없다. 특히 작가의 고심이 느껴지는 인물들의 대사는 가벼운 감성에세이보다 의미가 깊고 공감을 자아낸다. 그래서 취향에 맞는 드라마를 직접 선별한 뒤 시청하는 것은 그 작품의 작가가 의도하는 '인간'과 '사랑'이라는 주제를 고찰하는 데 좋은 표본이 된다. 그중에서도 2016~2017년 겨울 화제작이었던 드라마 〈도깨비〉를 통해 삶과 사랑을 사유해보려 한다.

드라마 〈도깨비〉는 한국 설화 속 도깨비를 모티브로 삼았다. 고려시대 장군 김신은 오직 주군에게 충성하며 전장에서 적들을 베었지만 끝내 간신들의 꾀에 넘어간 어린 주군의 명에 의해 검으로 자결한다. 백성들의 눈물과 하늘의 진노는 그를 환생시켜 불멸의 생을 주었지만 도깨비가 된 그는 평생 사랑하는 이들의 죽음을 보며 살아야 하는 업보를 짊어지고 있다. 불멸의 삶을 끝내기 위해서는 자신의 가슴에 박힌 검을 뽑아야 하는데, 이 검을 볼 수 있는 것은 오직 도깨비신부뿐이다. 그리고 숱한 인간들의 사연과 죽음에도 무심하던 도깨비가 우연히 연민을 느껴 살려준 운명의 소녀가 바로 도깨비신부였다는 설정의 판타지로맨스 드라마이다.

1) 망각의 차

이 드라마에는 도깨비와 함께 저승사자가 등장한다. 저승사자는 망자를 저승으로 인도하는 매개자다. 서양에서는 그리스 신화에 나오는 스틱스 강의 뱃사공 키론이 비슷한 역할을 하지만 그는 그저 운반자일 뿐, 망자의 죄를 판단하고 경호하는 동양의 저승사자와는 차이가 있다. 무엇보다 본인의 모든 기억을 잃어버린 후에야 비로소 신의 심부름꾼인 저승사자가 될 수 있다는 것이 특징이다. 이런 그들이 망자들에게 마지막 여정에 제공하는 차가 있다. 바로 '망각의 차'다.

"망각 또한 신의 배려입니다."

이 드라마에서 망각의 차를 마신 사람은 천국으로 가지만,

지옥으로 가는 이는 이 차를 마시지 못한다. 왜 악행을 저지른 사람에게는 현세를 잊을 수 있는 망각조차도 금하는 걸까? 니체가 《도덕의 계보*Zur Genealogie der Moral*》에 남긴 글에서 힌트를 얻을 수 있다. "망각이 없다면, 행복도, 명랑함도, 희망도, 자부심도, 현재도 있을 수 없다. 이런 저지장치가 파손되거나 기능이 멈춘 인간은 소화불량 환자에 비교될 수 있다." 즉 니체는 망각이란 인간이 가진 능동적이고 적극적인 저지 상태로, 단지 체험하고 경험했다는 이유만으로 받아들여야 하는 모든 의식의 소음에서 벗어나도록 통제해 정서적 질서와 안정을 가져다준다고 설명했다.

이 드라마에서 망각의 반대인 기억은 현재가 아닌 과거를 뜻한다. 즉 망각의 차를 마신 사람은 환생하지만, 기억에 의존해서 살아야만 하는 사람은 지옥에서 계속 과거에 머무르는 삶을 살게 되며 어떠한 '기대와 희망'도 갖지 못한다. 즉 망각은 창조적인 파괴다. 특히 영혼을 가진 인간에게 망각은 원치 않은 기억의 공격으로부터 벗어나, 현실을 상실하는 위험을 예방하고 헤아릴 수 없는 슬픔을 극복하게 한다.

연인 사이에서 망각의 역할도 마찬가지다. 우리가 죽을 만큼 아팠던 이별의 경험 이후에도 다시 누군가를 사랑할 수 있는 이유는 그 사람과의 흔적을 조금씩 지워갈 수 있기 때문이다. 아픈 기억에서 스스로 벗어나려는 투쟁이자 정화 노력인 망각은 이별을 극복하는 최선의 방법이기도 하다.

그러나 만약 당신의 망각 능력이 너무 쉽게 작동한다면, 또는 기분을 상하게 만드는 것을 너무 쉽게 잘라내버린다면, 사랑불능자가 아닌지 의심해봐야 한다. 마치 전등의 스위치를 껐다 켜듯 쉽게 이별과 연애를 반복하는 사람들은 연애의 횟수는 점점 늘어나겠지만 그 누구와도 오래 연애하는 것이 불가능하며, 이별에 직면하기보다 먼저 사람을 버리는 타입일 가능성이 크기 때문이다.

알다시피 우리의 삶이라는 책은 슬픔, 아픔, 불행, 고통으로 점철된 거부할 수 없는 페이지들의 연속이다. 만약 이런 불편한 흔적들만 도려내버렸다면 그 책은 바라던 해피엔딩에 이르지 못하고 도입부만 반복되는 비극으로 마무리될 것이다.

2) 영생과 죽음을 가르는 도깨비의 검

"나는 900년을 살았어. 예쁜 사람을 찾는 게 아니야. 나에게서 무언가를 발견해줄 사람을 찾는 거지."

도깨비는 자신을 저주에서 벗어나게 해줄 신부를 찾고 있다. 여기서 도깨비에게 '검'이 가지는 의미는 두 가지다. 하나는 불멸이라는 '생'이며 다른 하나는 무로 돌아가는 '죽음'이다.

도깨비에게 중요한 것은 평생 꽂힌 '검'보다는 그 검을 뽑아줄 '도깨비신부'였다. 오직 도깨비신부만이 유일하게 도깨비의 검을 볼 수 있으며 직접 뽑아줌으로써 도깨비가 근원적인 고통에서 벗어나게 할 수 있다. 그렇게 도깨비신부는 그의 죽음을 결정한다. 도깨비와 인간의 희망적인 비극은 이렇게 시작한다.

신적인 초능력을 가진 도깨비일지라도 평범한 인간과 몇 가지 공통점을 가졌다. 첫째는 삶 자체에 내재한 '고통'이라는 운명을 반드시 짊어져야 한다는 것이다. 그리고 그 고통은 오로지 죽음 앞에서만 끝이 난다.

또 다른 하나가 바로 '사랑'이다. 도깨비 가슴에 꽂힌 검처럼, 우리 인간 역시 나조차 들여다보지 못한 뜨거운 무언가를 발견해줄 상대를 만나기 위해 일생을 찾고 기다린다. 다만 도깨비가 한 여인을 찾기 위해 살았던 900년이라는 시간에 비해 고작 100년 채 못 사는 인간은 누구나 볼 수 있는 매력을 사랑의 조건으로 규정하고, 젊음과 아름다운 외모 그리고 비싼 차 같은 소유할 수 있는 것에 현혹되긴 하지만 말이다. 뚜렷하지 않은 '이상형', 언제 나타날지도 모르는 '인연'이라는 이름으로 우리 모두는 아무도 보지 못했던 내 진심을 보듬으며 정성스레 사랑의 검을 알아봐줄 사람을 찾아 헤맨다. 그 한 사람만이 내 자존감을 뜀박질시키고 나의 무한한 가능성을 발견하게 하며 나를 더욱 사랑하도록 만들기 때문이다. 그래서 일방적이지만 주체적이고 꿈같지만 현실적인 사랑은 그 어떤 단어보다 결연할 이유가 된다.

3) 운명과 사랑

"운명은 내가 던진 질문일 뿐, 답은 그대들이 찾아라."

드라마 속 신은 인간의 운명을 이렇게 밝혔다. 운명은 우리가 알고 있듯이 정해진 답도 막연한 기다림도 아니다. 단지 '어떻게 살아갈 것인가'라는 질문을 평생 해야 하는 것이 우리의 운명이며, 오직 그 물음에 대답하고 선택함으로써 그 누구도 아닌 '나'라는 유일한 주체가 완성되어갈 뿐이다.

새해가 시작되면 우리가 여전히 달려가는 곳이 있다. 토정비결로 한 해 운세를 확인하고, 타로카드로 본인의 사랑을 점친다. 수천 년 전 태양이 가려지는 것만으로도 인류는 두려움에 떨었으며, 비가 내리기를 기원하며 기우제를 지냈던 시절도 분명 있었다. 이 모든 것이 보이지 않는 미래에 대한 불안을 어떻게든 떨쳐버리고 싶었던 인간의 나약함의 증거이다. 그러나 결국 신은 매번 답을 밖에서 구하려 하는 어리석은 우리에게 말하고 싶었는지 모른다. '답은 어디에도 없다. 오직 네 안에 있다.'

목적지가 어디인지 모르는 사람은 앞에 정확한 내비게이션이 있어도 꼼짝하지 못한다. 누군가가 가리킨 방향은 순간의 이정표가 될 순 있겠지만 그 누구도 내가 가야 할 최종 목적지를 결정할 수 없다. 신이 불확실성이라는 '불안'을 평생 달고 살아야 하는 운명의 한계를 주었음에도 우리가 행복할 수 있는 가장 큰 이유는 '선택'이라는 능동성을 허락받았기 때문일 것이다. 그리고 그 능동성은 직접 운명을 새로이 개척할 수 있는 나의 주체성으로 발현된다.

신은 공평하게도 누구에게나 따뜻한 사랑을 할 수 있는 기회를 주었다. 그러나 사랑을 간직할 수 있는 기회만큼은 아무에게나 허락하지 않은 것 같다. 그래서 우리가 할 수 있는 것은 지나간 과거도 언제 올지 모르는 미래도 아닌 오직 지금 바로 내 옆에 있는 상대를 위해 최선을 다해 사랑하는 것뿐이다. 그것이 신이 주신 우리의 운명이라면 기꺼이 난 그리하겠노라고 순응하려 한다.

도깨비가 드디어 도깨비신부를 만나 불멸을 삶을 끝낼 준비를 하면서 그녀 때문에 도리어 살고 싶어지는 아이러니한 심경을 토로한 내레이션으로 이 글을 마무리한다.

생이 나에게로 걸어온다.
죽음이 나에게로 걸어온다.
생으로 사로 너는 지치지도 않고 걸어온다.
그러면 나는 이렇게 말하고야 마는 것이다.
서럽지 않다. 이만하면 되었다. 된 것이다.

죽음도 갈라놓지 못한
박열과 후미코의 사랑

사랑이 짙을수록 사람은 물들고, 역사는 기록되어 기억으로 영원할 수 있다.

내게 영화 〈박열〉은 예술이자 역사이고 사랑의 본질을 담은 문학이었다. 여기서 독립운동가 박열에 대한 역사적 고증을 남기기보다 일본 여성 후미코와의 사랑 이야기를 하고 싶다.

어릴 적 불우한 환경에서 성적 학대를 당한 후미코는 3·1운동 때 자국 일본인이 조선인에게 행한 잔인한 만행들을 보고 몸속 깊숙이 끓어오르는 분노와 정의감을 마주하고, 일본인임에도 불구하고 제국주의 일본에 뜨거운 증오를 품었다. 당시 그녀는 박열의 시를 읽고 그의 사상에 깊이 공감했으며 첫 만남 이후 그의 사상적 동지로서 동거를 서약한다.

얼마 지나지 않아 간토 대지진이 일어나고 아비규환이 된 상황에서 쌀값이 폭등하자 제국주의 일본은 민중의 불안감으로 인한 폭동 조짐을 포착하고 그들의 시선을 돌리고자 타깃을 '조선인'으로 삼아 약 6,000명을 처참히 학살했다. 그리고 이 조선인 학살사건을 덮기 위해, 천황살해 음모를 꾸몄다며 '불령사'라는 아나키스트 조직의 수장인 한국인 박열과 후미코를 비롯한 동인 16명을 구속한다.

일본이 일본인 결집을 위해 조선인을 학살하고 그 학살을 정당화하기 위해 일본인들도 존경한 박열을 박해하는 암울한 상황이었다. 그러나 박열은 스물한 번의 심문과 세번의 공판 속에서 단 한 번도 그들에게 굴복하지 않았다. 심지어 그는 조선 선비의 예복을 입고 당당하고 확고하게 일본 대법관들에게 자신의 의견을 전달했다. 당시 나이 스물한 살이었을 때다.

박열의 곁에서 끝까지 사랑을 지켰던 후미코는 법정에서 마지막으로 이런 말을 남긴다. 영화 속에서는 다음과 같은 대사로 표현되어 있다.

나는 박열의 본질을 알고 있다. 그런 박열을 사랑하고 있다. 그가 갖고 있는 모든 과실과 결점을 넘어 나는 그를 사랑한다. 재판장에게 말해두고자 한다. 우리 둘을 함께 단두대에 세워 달라고. 박열과 같이 죽는다면 나는 만족할 것이다. 그리고 박열에게 말해두고자 한다. 만약 재판장의 판결이 우리 두 사람을 갈라놓는다 하더라도 나는 결코 당신을 혼자 죽게 하지 않을 것이다.

결국 두 사람은 사형선고를 받는다. 내가 늘 확인하고 싶었던 질문이 바로 '사랑은 과연 존재하는가'였는데, 얼마나 어리석고 바보 같은 질문이었는지 새삼 깨달았다. 사랑은 신처럼 존재한다고 믿는 것이 아니라, 결연된 둘의 사랑이 신처럼 위대해지는 과정이었던 것이다. 조선인 박열과 일본인 후미코의 사랑은 집안의 반대에 부딪친 로미오와 줄리엣보다 훨씬 거대한 장애를 만난 터였으니.

영화를 보고 나서, 지금처럼 쉽게 선언하고 금방 포기하며 소비하는 가짜사랑들 속에서 진정한 사랑의 의미에 가까워지기 위해 과연 어떤 마음이 필요할까 자문하게 되었다.

첫째는 박열과 후미코처럼 상대의 가치와 본질을 들여다볼 혜안이 무엇보다 필요하다. 그의 자작시 〈개새끼〉를 읽고 오직 글을 통해 그가 누구인지 확신을 가질 만큼 깊었던 그녀의 통찰력은 그녀가 생전에 남긴 옥중수기에도 나와 있다.

나는 그 시를 읽었다. 이리도 힘 있는 시가 있으랴. 한 구절 한 구절이 내 마음을 강하게 끌어당겼다. 그리고 그것을 다 읽었을 때 나는 정말이지 황홀할 정도였다. 내 가슴의 피가 뛰고 있었다. 어떤 강한 감동이 나의 전 생명을 고양하고 있었다.

_가네코 후미코, 《무엇이 나를 이렇게 만들었는가 何が私をこうさせたか》
(이학사, 2012), 332쪽.

둘째는 언제든 찾아올 온갖 긴장과 어려움을 차근차근 함께 극복하는 새로운 역사의 구축이다. 그리고 오직 나와 당신의 사랑만이 가능하다는 것을 절대 의심하지 말아야 한다. 막연한 우연성도, 감성적인 끌림도, 자신의 감정에만 충실했던 짧은 생각들은 모두 오산이라는 것을 깨달아야만 한다.

끝까지 전향을 거부한 그녀는 스물세 살의 나이에 감옥에서 생을 마감하기 전 옥중수고를 이렇게 마무리한다.

머지않아 이 세상에서 나의 존재가 완전히 지워질 것이다. 그러나 모든 현상은 현상으로서는 멸해도 영원의 실재 중에는 존속하는 것이라 나는 생각한다.

_가네코 후미코, 《무엇이 나를 이렇게 만들었는가》, 353쪽.

현상은 우연성이고, 끌림이고, 감정이다. 그러나 그 모든 것이 흔적도 없이 사라진다 해도 영원히 존속하는 유일한 것은, 그 누구도, 극한의 상황도, 심지어 죽음마저 막지 못했던 둘이 만들어낸 '사랑'이라는 실재였다.

6부

사랑의 파국 또는 완성 。

'사랑의 삼각형 이론 triangular theory of love'으로 유명한 보스턴 터프츠 대학교의 심리학자 로버트 스턴버그 Robert Sternberg 는 사랑이 '친밀감'과 '열정', '결정·헌신'이라는 세 요소로 이뤄져 있으며, 개인이 사랑을 어떤 의미로 이해하는지가 곧 그들의 사랑이 된다고 설명했다. 그는 저서 《사랑은 스토리다 Love Is a Story》를 통해 연인과 부부 간 사랑이 자신이 선택한 영화의 시나리오를 좇아간다는 특징을 발견했다.

사랑영화를 해피엔딩 스토리 또는 거칠고 열정적인 스토리, 극적인 로맨스 스토리, 새드엔딩 스토리 등 26가지 유형으로 나누어 선호하는 타입을 결정하자, 결국 자신이 선택한 영화처럼 현실에서도 이행했다는 것이다.

스턴버그는 연인의 영화 취향이 비슷할수록 서로의 성향이 비슷하다고 믿게 되며 그런 상대를 '잘 맞는다'고 평가한다고 말한다. 그리고 가장 좋아하는 영화 한 가지에만 자신을 투영시키는 것이 아니라 다양한 장르에서 복합적인 이미지를 따른다고 설명한다. 그러나 이 과정이 무의식적으로 일어나므로 우리는 보통 왜 내가 이런 사랑 유형을 가지게 되었는지 인식하지 못하며 단지 본인이 이해한 만큼 사랑을 실천하며 살게 된다.

그런데 우리는 지금까지 자기만의 이야기를 만들어왔지만 사실 개인만의 이야기는 아니었다. 아무리 원하는 방향으로 공을 조준한다 해도 마치 포켓볼처럼 타인이라는 다른 공과 부딪쳐 방향이 바뀌기도 하고, 절대 벗어날 수 없는 사회라는 당구대 위를 구르면서 수많은 관념을 관찰하고 흡수하게 마련이다. 이는 나와 상대가 가진 공통적인 이야기를 확인함으로써 앞으로 어떤 사랑을 만들어갈지 미리 예측할 수 있다는 의미가 된다. 이야기는 각자의 대본이 되고 대본은 말과 행동이 되기 때문이다.

사랑의 완성은 공존

만약 이 책의 주 내용이 첫 만남 때 상대에게 매력적이게
보이는 기술이었다면 아마도 '리머런스limerence'를 끌기 위한
요령들에 치중했을 것이다. 상대에게 첫눈에 반한 불안정한
상태인 리머런스, 그리고 이런 상태를 사랑에 빠졌다고 믿는
황홀함은 어느 감정보다 뜨겁고 강렬하지만 역시 빠르고 쉽게
무너져버린다. 상대의 진정한 모습이 아닌 나의 욕망과 기대
가 투영된 허구이기 때문이다.

'어떤 스타일을 좋아하느냐'는 질문에 방송에서 한 여성이
이렇게 대답하는 것이 인상적이었다.
"듬직한 사람, 마냥 좋아서 만나는 건 좀 잠깐이고, 그래서
나는 존경할 수 있는 사람이 좋다."
이 대답에 다른 여성들도 긍정적으로 동감을 표하며 아주

중요한 한마디를 꺼냈다.

"같이 있을 때 편한 사람, 그게 진짜 큰 거 같아. 매력적인데 같이 있으면 불편한 사람 알지? 눈치 보이고 그러면 별로."

"나는 되게 외향적인데, 이 사람이 충분히 매력 있고 멋있지만 나를 작게 만드는 사람이 있어. 그런 사람 앞에서는 말이 안 나와."

사랑하는 관계에서 리머런스보다 더욱 중요한 무언가가 있다는 것을 암시하는 대화였다.

처음 본 이성에게 자신도 모르게 느끼는 긴장되는 설렘, 피하려 노력하지만 자꾸 시선이 가는 본능적인 신호는 모두 인간이라는 동물이 가진 욕구 즉 호르몬의 영향 때문일 것이다. 이런 감각적인 궐기들은 자연히 우리를 사랑이라는 문으로 뛰어들도록 이끌기 마련이다. 문제는 입장하고 나서부터다. 머릿속은 어느덧 상대로 가득 차고 알 수 없는 기대감과 성적인 욕망 그리고 상대가 떠날 수도 있다는 불안이 뒤섞여 복합적으로 공존하게 된다. 만약 이런 강렬한 끌림의 감정을 사랑으로 믿는다면 때로 영화처럼 극적인 상황을 만들 순 있겠지만 해피엔드가 될 가능성은 결코 높지 않다. '사랑'을 사랑하는 것과 '사람'을 사랑하는 것은 확연히 다른 태도이며 시간이 지날수록 사랑의 질을 결정하는 요소가 되기 때문이다.

'사랑'을 사랑하는 사람들은 끌림에 강력한 주문을 걸고 착각에 빠지는 것을 쉽게 허용한다. 빨리 물기를 빨아들이는 대신에 쉽게 찢어지는 습자지처럼 장기적인 사랑을 할 준비가 결여된 것이다. 그러나 '사람'을 사랑하는 사람은 본능적인 감각에 충실하기보다, 상대의 가치를 만들어내는 망상에 흔들리기보다, 듬직함, 존경스러움, 편안함 같은 충분히 시간을 들여 숙성된 요소들이 확인될 때 비로소 사랑임을 인정한다. 매일 떠오르는 일출에 온 시선을 빼앗기는 것이 아니라 봄과 여름 지나 온 산이 점차 붉은빛으로 물든 가을 절경을 기다릴 줄 아는 인내와 저 아름다움이 지길 거부하는 낙엽의 몸짓까지 바라볼 줄 아는 진정 어린 태도다. 언제나 반짝이는 '사랑' 앞에서 초연한 태도로 그 '사람'을 온전히 바라보려는 성숙한 시선만이 상대와 나의 진심을 통찰할 수 있다.

이런 고민들 속에서 내가 찾은 사랑의 시작 조건은 바로 '상대가 살아온 삶이라는 역사에 대한 이해'였다. 우리 모두는 평생 누군가를 만나 관계를 맺고 또 이별하면서 자신만의 경험과 학습을 통해 의식, 가치, 품행, 공감 면에서 분명한 기준과 색깔을 지니게 된다. 대체로 우리는 자신과 동일한 계열의 색을 찾으려 부단히 노력하며, 때로는 자신이 더 좋아한다는 이유로 스스로 상대에게 편입되고 반대로 상대를 종속시키려 하기도 한다. 어떤 사소한 점이라도 상대와 공통점을 발견하려고 없는 부분을 덧대어 입히기까지 하면서 말이다. 그러나 중요한 건 어떻게든 나와 비슷한 색을 가진 이를 찾아 '합일'하는 것이 아니었다. 비슷한 취향은 확실히 설명과 이해 없이도 바로 공감할 수 있다는 장점을 가졌지만, 무엇보다 결정적인 것은 나라는 색을 대하는 상대방의 자세 즉 '공존'하고자 하는 적극적인 태도였다. 이런 이유로 나는 '보색'에 주목하게 되었다.

초록색과 빨간색은 분명 색상표에서 상극에 놓인 채도 높은 색으로 서로 보색 관계다. 이 둘을 그냥 합치면 검정색에 가까운 무채색이 되어버린다. 그러나 만약 초록색이 바탕이 되고 빨간색이 글씨가 되어준다면 빨간색은 그 어느 때보다 더욱 강조되며 두 색이 시너지를 일으킨다.

물론 어떻게든 나와 상극의 색을 가진 이를 찾아야 한다는 말은 절대 아니다. 무슨 색을 가졌든 기꺼이 내가 상대의 바탕 역할을 할 수 있는 상대를 만나야 한다는 것이다. 내가 외향적이니 닮은 성향을 만나라는 것이 아니고, 반대로 상극인 내향성을 만나라는 뜻도 아니다. 중요한 것은 갖춘 성향보다 타인의 성향을 대하는 태도다. 같은 성향을 가졌기에 누구보다 나를 이해해줄 사람이든, 다른 성향이기에 서로의 부족함을 채워줄 수 있는 사람이든.

나를 가장 나답게 만들어주는 사람, 곁에서 함께 성장할 수 있는 사람, 기꺼이 서로를 위해 바탕이 되어줄 수 있는 사람. 이런 사랑은 그저 주어지는 것이 아니라 꾸준한 노력과 시간으로 만들어진다. 그래서 우리는 어떻게든 사랑을 하는 것에만 의미를 두는 태도를 버려야 한다. 그 소중한 시간 동안 서로의 색을 인정하면서 장점을 닮아가며, 단점을 알면서도 공존하는 법을 익혀가야 한다. 나와 상대의 차이라는 간극을 발견하고 헤어지는 것이 아니라, 누구에게라도 배울 수 있게 사랑할 준비가 되어 있어야 한다. 그런 준비된 사람들만이 서로에게 기꺼이 바탕이 되어줄 수 있고 어느 커플보다 견고한 사랑의 구축도 가능하다.

사랑의 탈을 쓴 가짜사랑

　여자친구를 폭행한 19세의 남자친구는 1심에서 징역 1년을 선고받았다. "영화를 보다가 졸았다"는 게 폭행 이유였고, 그 밖에도 상습적으로 여자친구를 폭행했다고 밝혔다. 이런 말도 안 되는 사유로 인한 데이트폭력이 점점 더 심각해지고 있다.

　경찰청에 따르면 2018년 한 해 동안 데이트폭력 신고 건수는 1만 8,671건에 달해 2016년의 9,364건에 비해 두 배로 늘었다. 이렇게 연인 간의 폭력사건은 점차 늘어나고 있으나 '데이트폭력 가해자'에 대한 처벌조항은 따로 마련되어 있지 않다. 그러다보니 사회적 보호장치에만 의존하기보다 우선 피해자 스스로 상황을 인지하고 빨리 거기에서 벗어나야 이런 극단적인 사고를 예방할 수 있다.

　문제는 사랑하는 관계에서 폭력이 단발성으로 그치지 않고 상습적으로 연장된다는 것이다. 왜 폭력이 발생했는데도 피해자들은 여전히 관계에서 벗어나지 못할까.

철학 편에서 잠시 소개했던 부분을 간단히 설명하면 마조히즘은 자신보다 강한 누군가에게 큰 매력을 느끼고 자신의 주도성을 포기하는 것을 말한다. 보통 마조히즘적 사랑을 추구하는 사람의 특징은 자신의 안전과 보호의 욕구가 매우 크다는 것이다. 그래서 차라리 자신의 자아를 제거하고서라도 타인에게 모든 것을 의존하기를 선호한다. 반면 사디즘은 타인을 무력화시켜 자신의 것으로 소유하려는 것을 말한다. 사랑하는 사람을 수단 방법을 가리지 않고 의지 없는 도구로 만들어 자신에게만 의지하도록 만들어버린다.

이런 두 가지 가짜사랑은 단독으로 나타나지 않는다. 마치 양손으로 깍지를 끼듯 서로가 있어야 가능하다. 때리는 사람은 반드시 맞는 사람이 필요하듯, 마조히즘은 사디즘이 필요하고, 사디즘은 마조히즘이 필요하다. 모든 것을 통제하고 소유하려는 사디스트에게는 당연히 자신의 모든 것을 의존하고자 하는 마조히스트가 최고의 파트너가 된다. 마치 전형적인 가부장 아버지와 그런 아버지의 말이 무조건 진리라고 따르는 어머니와 같다.

모든 권력관계에는 반드시 상호 이해관계가 얽혀 있지만 특히 사랑하는 관계에서 사디즘과 마조히즘은 서로가 필요한 공생관계다. 이해하기 어렵지만 우리는 어떤 권력에 복종당하면 한편으로 위안을 받기도 한다. 마치 팀장이 지시하는 대로 작업하는 것이 스스로 주도해 작업하는 것보다 편하듯 말이다. 그럼으로써 자신이 힘든 결정을 내리지 않아도 되고 잘못되었을 경우 죄책감을 회피할 수 있다고 믿기 때문이다.

사실 이런 사디즘과 마조히즘 성향은 정도의 차이가 있을 뿐 평범한 사람들에게서도 나타난다. 연애 중에 한번쯤은 해봤을 말들. "일 끝났어?" "지금 어디 있어?" "누구랑 만나?" "왜 답장 없어?" "이렇게 짧은 치마 입으면 싫더라." "오빠 SNS에 댓글 다는 여자 누구야?" 이 사소한 대화가 데이트폭력으로 이어질 수 있고 상대를 억압하려 한다면 사디즘 행위이며, 상대가 본인을 이렇게 감시하고 지적하고 홧김에 물건을 던져도 침묵하고 방관하는 것이 바로 마조히즘 태도와 다르지 않다.

이런 태도를 보이는 사람들의 공통점은 혼자라는 느낌, 고독한 시간을 미치도록 견디지 못한다는 것과 인간성의 개화가 더디다는 것이다. 자아가 실현되지 않은 개인은 누구나 남을 괴롭히는 존재가 되기도 하고 반대로 스스로를 공격하고 파괴할 수 있는 존재가 되기도 한다. 니체는 《선악의 저편*Jenseits von Gut und Bose*》에서 "자기 자신의 고통, 자기 자신을 스스로 괴롭힌다는 것에도 풍부한, 넘칠 정도의 풍부한 즐거움이 있다. 때문에 이미 모든 인간은 자기 학대를 하면서 쾌감을 느끼는 가장 잔인한 동물이다"라고 판단했다.

영화 〈그레이의 50가지 그림자〉에서 억만장자인 섹시하고 멋진 남자주인공 그레이는 여자주인공 아나스타샤의 순결함에 매력을 느끼고 BDSM라는 일명 복종과 구속관계의 계약서를 제안한다. 그는 상대가 자신에게 복종하기를 원했고 계약이라는 방식으로 지배와 피지배의 결속이 체결되길 바랐던 것이다. 어쩌면 이 영화의 결론이 데이트폭력의 해결에 힌트가 될지 모르지만, 구속하고 폭압하는 폭력적 관계에도 일말의 희망은 있다. 둘 중 한 명이라도 정상적인 사랑으로 되돌아가려는 준비가 된다면 마조히즘과 사디즘은 절대 뿌리내릴 수 없단 사실이다. 자신을 강압하려는 사디스트에게 저항으로, 무조건적으로 의지하려는 마조히스트에게 독립성으로 대하는 것이야말로 가장 치명적인 백신이 되기 때문이다.

다른 사람은 몰라도 절대 나는 아니라고 이 글을 읽는 모두가 강하게 부정하겠지만, 분명한 건 저 통계숫자보다 많은 커플들이 서로를 결박하며 가짜사랑을 하고 있다는 사실이다. 상대가 나를 가끔 때리기는 하지만 평소에는 좋은 사람이라고 변명한다면, 스스로 덫에 걸려 있음을 고백하는 셈이다. 역사적으로 어떤 노예도 본인이 노예임을 몰라서 노예가 된 것이 아니었다. 마치 어릴 적부터 줄에 묶여 자란 코끼리처럼, 어른이 되어 충분히 줄을 끊을 수 있음에도 빠져나오지 못하는 것이다. 그래서 주위에서 아무리 그것은 사랑이 아니라고 소리

쳐도 홀로 사랑이라며 상대를 맹신할 뿐이다. 이렇듯 주종관계처럼 필요에 의해 존속되는 관계는 끝내 서로를 파멸시키고 만다.

늦지 않았다. 지금이라도 스스로 사랑을 정의해보라. 서로의 성장을 돕는 성숙한 관계만이 진짜 사랑이라는 것을 하루빨리 깨닫고 각성해야만 불행으로부터 벗어날 수 있다. 그리고 그 누구도 아닌 오직 당신 스스로만이 충분히 사랑받을 만한 자신을 구하고 지켜낼 수 있다.

당신이 성인 남성이라면 이 질문에 대답할 수 있을까. (여성
이라면 남자친구에게 물어보길 바란다.)

"사랑하는 여성과 성관계를 가진 날 중 가장 임신 가능성이
높은 때는?"

정답은 다음 생리 예정일로부터 14일 전이다.

보통 난자는 12~24시간, 정자는 48~72시간 생존하니 배란
3일 전 특히 2일 전에는 임신에 특히 주의해야 한다. 게다가
여성의 호르몬과 생리주기는 매우 불규칙하고 변수가 많다는
것을 감안해야 한다.

그러나 나이에 상관없이, 심지어 일부 유부남들조차 기본적
인 성적 소양보다 어떻게 여성을 만족시킬지 그리고 어디 모
텔의 시설이 깨끗하고 평가가 좋은지에 더욱 관심을 갖고 있
다. 관계에 대한 책임은 부재하고 해소 욕구만 왕성할 뿐이다.

대체 언제까지 임신에 대한 모든 책임을 여성에게만 전가할 것인가.

보건복지부의 의뢰로 보건사회연구원이 1만 명을 대상으로 실시한 온라인조사에서 2017년 인공임신중절률을 4.8%로 발표했다. 이는 가임기(만 15세~44세) 여성 1,000명당 인공임신중절 건수를 의미한다. 2017년 한 해의 낙태 건수는 5만여 건으로 추정했다. 그러나 보건복지부는 그동안 연간 낙태 건수를 17만 건으로 추정했으며, 2017년 연세대·배재대 연구팀이 빅데이터를 분석해 연간 낙태 건수가 최대 50만 건에 이른다고 밝힌 바 있다.

2018년 질병관리본부가 전국 중·고등학생 6만 명을 대상으로 설문조사를 한 결과 성관계 시작 평균연령은 13.6세이며, 전체의 5.7%가 성경험이 있다고 응답했다. 암묵적인 회피까지 감안하면 실제는 이 수치보다 더욱 많을 것으로 예상된다. 중요한 것은 성경험을 한 사람의 숫자가 아니다. 성관계 시 피임을 했다는 응답은 59.3%에 그쳤다. 한국 10대들의 성경험은 여전히 우발적이고 충동적으로 시작되며, 피임의 필요성은 제대로 인지하지 못하고 있는 실정이다. 그렇다면 왜 그들은 피임을 철저히 하지 않을까.

나는 대한민국 20~30대 남성들의 '성'에 대한 교육 수준이 초등학교 여학생들보다 나을 것이라고 기대하지 않는다. 그도 그럴 것이, 현재 30대 남성들이 초등학생이던 20년 전으로 돌아가보자. 체육시간에 남자들은 축구를 하러 나가고 여학우들만 남아서 여자선생님께 성교육을 받았다. 중학교, 고등학교 사춘기 시절은 이성의 신체에 가장 호기심이 많을 때임에도 성에 대해 배운 건 생물시험에 나올 만한 신체구조가 다였으며, 남중 남고를 나온 남학생들에게 여성은 성모마리아처럼 낯설고 어려울 뿐이었다. 학교와 가정 그 어디에서도 배우지 못한 성은 자연스레 친구들끼리 음란물을 통해 접하거나, 남들보다 실행력이 좋았던 친구가 들려주는 영화 뺨치는 과장된 스토리가 전부였다.

준비되지 않은 성의식을 가진 이들은 변태적인 성행위까지도 성의 일부라고 오해하기 쉽다. 그래서 그들의 이른바 '남성성'은 얼마나 여성을 성적으로 잘 비하하고 대담하게 행동하는지가 결정하게 되었다. 요즘은 인터넷과 모바일의 발달로 성인용 비디오를 예전보다 쉽게 접할 수 있으니 야한 동영상 공유는 당연하고, 강간 스토리는 그들을 영웅으로 만든다. 여성이 술자리에 응하면 그날 성관계의 허락으로 여기고 주인공에게 잘해보라며 부러움과 함께 격려를 아끼지 않는다. 게다가 온갖 불평을 늘어놓으며 콘돔 사용을 꺼린다. 성관계 중 상대 몰래 콘돔을 빼버리는 '스텔싱'이 성폭력에 해당되는지도 모른 채 자신만의 노하우를 친구들에게 공유한다.

또한 남성의 성의식에 가장 큰 영향을 끼치는 것이 건강한 남성이라면 꼭 가야만 하는 군대다. 군대라는 조직의 폐쇄성은 계급에 따른 상명하복 그 이상의 영향을 서로에게 끼친다. 남성끼리만 생활하는 군대에서는 서로 얼마나 노골적으로 성에 대한 농담을 할 수 있는지가 웃음의 소재가 되며, 휴가 복귀 후 누가 얼마나 많은 여성들과 성경험을 했는지가 화제가 된다. 그리고 고참에게 적나라하게 묘사할 줄 아는 후임병이 군 생활에서 예쁨을 받는다. 심지어 새로 들어온 막내가 아직 성관계 경험이 없다면 사비를 털어 성매매 업소까지 손수 데려가 이른바 남자 세계의 입문이라는 그릇된 성 체험을 버젓이 강요하기도 한다.

성에 대한 관념과 학습이 준비되지도 않은 상황에서 무비판적인 성적 농담을 즐겨 하며 언제든 돈으로 여성의 성을 사는 남성들이 많아진다는 것은 그 사회에 커다란 위험성을 내포한다.

언제든지 여성을 성의 매개로 대상화시킬 수 있다는 남성들의 인식은 인간의 사랑을 '몸'과 '정신'으로 구분하려 든다. 비록 어릴 적 한때 호기와 호기심이라고 하지만, 친구가 짝사랑하는 여성을 범할 수 있도록 합심하여 돼지흥분제를 구하고 먹이기까지 범행을 공모한 이들의 사고가 바로 그렇다. 마음보다 상대적으로 취하기 쉬운 몸을 취하는 것 또한 '사랑'의 시작이라 여기며 상대의 동의 없이 폭력적인 태도로 임한 것이다. 이런 행위는 나와 상대를 동등한 인격체로 여기지 못하고 여성을 약자로 수단으로 바라보는 폭력이자 사디즘이다. 이런 비정상적인 사랑관을 가졌으니 굳이 몸과 정신의 합일이라는 장기적이고 끈질긴 과정까지 가려 하지 않는 건 당연하다.

그러나 나는 이 글을 통해 한국 남성의 퇴폐적인 남성성을 비판하고 고백하고자 하는 것이 아니라, 왜 그들이 그럴 수밖에 없었는가를 조심스레 말하고 싶었던 것이다.

미국의 대학교에 있는 건강센터 창구에는 바구니가 하나 놓여 있다. 그 바구니에 담겨 있는 것은 바로 콘돔이다. 누구나 무료로 가져갈 수 있으며 학교와 시에서 그 비용을 지원한다. 그들은 절대 피임을 숨기지 않으며 부끄러워하지 않는다. 오히려 피임을 하지 않는 무책임을 더욱 경계한다.

반면 한국은 어떤가? 약국과 마트에서 콘돔을 산다는 것 자체가 부끄러운 일이며, 부모는 물론 심지어 친구끼리도 피임에 대한 정보 공유는 아주 자극적인 사생활로 여기고 개인의 문제로 치부한다. 이것은 국가, 가정, 학교에서 성에 대한 기본적인 의식 함양을 소홀히 하고 방임한 결과다. 지금까지 올바른 성교육을 통한 성의식 함양 및 성범죄 예방 대신 여성들에게 "남자 조심해라" "밤길 조심해라" "짧은 치마를 입어서는 안 된다"고 소리치기 급급했기 때문이다.

2015년 한국여성정책연구원이 '여혐 댓글'을 남긴 사람들을 조사한 결과 청소년이 가장 많았다. 김윤태 고려대 공공정책대학 교수는 한국 사회 혐오의 양상을 위로는 고개를 숙이고 아래로는 발을 굴려 짓밟는 '자전거 타기 반응'이라고 보았다. 즉 개인이 처한 불행의 원인을 상대적으로 전가하기 쉬운 약자에게서 찾는 태도를 일컫는 용어다. 문제는 왜 어린 청소년들이 여성혐오에 열을 올리고, 대학가 주점에서 여성을 비하하는 표현이 버젓이 통용되는가다. 이 모든 상황은 그들이 낮은 성의식과 공감능력 결여로 타인의 고통을 이해할 여유 없이 오직 자신의 재미와 만족을 위해 약자에게 폭력과 분노를 표출하고 있음을 증명한다.

분명한 건 이렇듯 노골적이고 성적인 단어들을 습관처럼 자연스레 내뱉는 이 땅의 젊은 남성들도 언젠가는 사랑하는 누군가와 연애를 할 것이란 사실이다. 과연 상대를 얼마나 속일 수 있을까. 어리석게도 자신의 여자친구나 여동생 또는 누나만 아니면 된다는 마음으로 얼마든지 음담패설을 즐기겠지만, 우리의 언어는 인식을 지배하고 인식은 행동을 통제하며 행동은 평생의 태도가 되어간다는 사실을 간과하고 있는 것이다. 언젠가 당신 앞에 앉게 될 상대는 대화를 나누며 당신이 즐겨 쓰는 단어와 말투를 듣고 당신을 판단할 것이다. 소중한 사랑의 기회를 잡을지 놓칠지는 당신의 언어에 달렸다.

결혼을 하는 이유

세계적인 석학 자크 아탈리Jacques Attali는 1997년작《21세기 사전Dictionaire du XXIe siecle》을 통해 "2030년이면 결혼제도가 사라지고 90%가 동거로 바뀔 것"이라며 마치 결혼제도의 종말이 성큼 다가왔다는 듯이 예언했다.

요즘 자의든 타의든 비혼으로 살아가는 사람들이 점점 늘어나고 있다는 사실은 부정할 수 없다. 혼자 살아가는 이들의 만족도가 더 높아지고 있다는 통계를 보면 '결혼은 필수가 아니라 선택이다'라는 명제가 공감을 얻고 있다. 다만 주변을 보면 자발적으로 비혼을 선택한 경우보다는 선택을 할 수 없는 상황들 때문에 자연스레 결혼을 미루고 끝내 포기하는 미혼의 경우가 다수인 것 같다. 좁아진 구직문, 점점 늦어지는 취업, 소득보다 높은 집값 상승률, 감당할 수 없는 육아비용 등 결혼하기 위해 필요한 기본적인 준비조차 벅찬 현실 속에서 홀로라도 생존하기 위해 버티기로 태세를 전환하거나 편히 혼자 잘사는 법을 터득하는 것은 어쩌면 선택이 아니라 포기일지도 모른다. 주위를 둘러보면 악조건 속에서도 결혼을 한 사람들은 자신들의 선택을 적극적으로 관철하고 확고히 결정했다는 것이 공통점이다.

결혼을 하지 않은 나의 시점에서 바라본 결혼은 여전히 미지이고 환상일 뿐이다. 결혼한 그들에게 직접 "왜 결혼을 해야 하는가?" 하고 이유를 묻기도 해봤지만 사실 그들이 내놓은 각기 다른 답변들 속에서 더욱 중요해 보인 것은 결혼의 이유보다 '어떤 마음으로 결혼을 결심하게 되었는가'였다. 마치 법륜 스님의 책 《스님의 주례사》에 나오는 결혼의 준비자세처럼 말이다. "결혼은 혼자 살아도 외롭지 않고, 같이 살아도 귀찮지 않을 때 해야 합니다. 그때 비로소 결혼이 서로를 속박하지 않게 됩니다."

이처럼 어떤 행위가 목적성을 띠는 순간 그 행위의 본질은 희석된다. 그래서 내 행복을 찾기 위해 결혼을 하는 것만큼 위험한 것도 없다.

누군가는 결혼은 의례일 뿐이라고 말하기도 한다. 사실 맞다. 1만 년 전 농경사회에서 땅과 재산을 지키기 위한 정약은 노동력을 쉽게 얻기 위한 수단이었다. 이런 정약이 점차 의례가 되어 서로 지목한 사람에게만 자신의 신체와 성적 사용을 허용하도록 사회적 계약을 체결하게 되었다. 그러나 점차 신분, 종교, 계급을 뛰어넘어 서로 사랑하는 사람들끼리의 자발적인 결혼이 늘어나며 결혼의 의미는 이런 의례, 계약, 집안 간의 통합이라는 구시대적 의미를 넘어섰다. '결혼'에 쓰이는 한자어 맺을 결結처럼 가는 실絲로 함께 나아갈 길함吉을 부단히 엮는 동반자를 얻는 것이 결혼 아닐까.

'그토록 바라던 결혼을 해서 행복한 게 아니라, 소중한 사람과 한 결혼이기에 행복할 수 있는 것이다.' 말하자면 이것이 내 결혼관이다.

군이 결혼의 이유를 찾는다면 사랑하는 사람이 내 곁에 있는 동안 변화되는 나의 모습이라고 할 수 있지 않을까. 나라는 불완전한 사람이 너를 만나 조금 더 나은 사람이 되어가는 것이 사랑이라면, 언제든 쉽게 무너지는 나라는 작고 연약한 존재가 당신을 만나 무엇이든 할 수 있는 뜨거운 심장을 가지게 되는 축복이 부부의 존재 이유가 될 수 있지 않을까.

또한 누군가와 결혼을 한다는 것은 늙어서도 함께 대화하자는 필생의 결심이다. 앞으로 펼쳐질 미래를 함께 마주하고 극복해나갈 인생의 든든한 내 편을 만났다는 믿음이자, 이 기적을 평생이라는 막연한 시간 동안 연장하는 노력을 수반한다. 비록 기대는 실망으로 반가움은 섭섭함으로 냉탕과 온탕을 번갈아가듯 변하긴 하겠지만, 서로가 언약한 그때를 잊지 말고 긍정적 시각을 끝까지 유지한다면 부족한 나를 너로 인해 조금씩 완성해갈 수 있으리라.

그래서 결혼이라는 선언은 상대의 삶을 집어삼키는 블랙홀이 아닌 서로가 마음껏 빛날 수 있도록 기꺼이 밤이 되겠다는 다짐과도 같다. 어둠이 한 치 앞도 볼 수 없이 짙게 깔리고 거센 파도소리조차 조용히 묻힌 검은 바다를 표류하는 불확실한 삶 속에서 서로의 등대가 되어 묵묵히 밝은 불빛을 뿜어주는 초연함, 그리고 그 불빛 하나만 의지한다면 무사히 목적지까지 도달할 수 있으리라는 굳은 믿음. 이렇게 이 세상에 하나밖에 없는 둘만의 역사를 함께 써내려가자는 담대한 결연의 시작이 바로 결혼의 의미가 아닐까.

연애와 결혼의 차이

우리는 가족을 누구보다 믿지만, 누군가를 믿는다 해서 가족이 되려고 하지는 않는다. 새로운 가족을 꾸리는 데는 서로의 믿음을 넘어서는 사랑의 강렬함이 필요하다. 이것이 내가 생각하는 결혼이라는 제도의 성립조건이다.

주관적인 관점을 통해 연애와 결혼을 바라보면, 사회제도에 따라 사랑을 구분하는 것은 다소 바람직하지 않다. 그럼에도 누군가 내게 결혼과 연애의 차이를 물어본다면 "순간의 행복에 집중하려면 연애를 하지만, 우연을 고정시키려면 결혼을 하겠다"고 말할 것이다. 여기서 우연을 고정시킨다는 말은 〈한 번의 주사위던지기는 결코 우연을 없애지 못하리라Un coup de dés jamais n'abolira le hasard〉라는 말라르메Stephane Mallarme의 시 구절 중 일부를 인용한 것으로, 이 책에서 내내 이야기해온 '왜 인간은 사랑을 해야 하는가'에 대한 종합적인 고찰을 접목할 수 있다.

연애는 내가 우선적으로 행복해야 한다. 첫 만남 이후 극적인 끌림의 우연성에 잠식된 우리가 모든 사랑의 가치를 오로지 나의 행복으로 의미를 부여하는 것과 같다. 상대와의 감동적인 순간들의 축적은 더욱 큰 행복을 꿈꾸게 만들고, 특히 나의 약점과 부족함을 이해할 줄 아는 사람을 마침내 만나 '사랑받고 있다는 행복'의 조명이 나에게 집중되어 있음을 만끽한다.

반면 결혼은 사랑의 서약이라는 위험한 주사위를 던진 그 순간의 우연을 고정시키려고 부단히 애쓰는 것과 같다. 그럼으로써 결혼은 끝이 아닌 새로운 시작으로 상기되고, 사랑의 지속성에 집중하며 노력해야 한다는 당위성을 포용한다. 기존의 연애처럼 우연적인 만남 그리고 필연적인 이별이라는 각각의 점으로 끝나는 것이 아니라, 새로운 수많은 우연이라는 점들을 이어 선명하고 굵은 선으로 그 우연을 고정시키는 것이다. 그러기 위해서는 어떤 고비에도 끝없이 실을 뽑아내는 누에처럼 진통을 감수해야 한다. 그래서 결혼은 행복하고 아름답기만 한 것이 아니라 고통스럽고 추한 면도 있다. 다만 그 실을 엮어 만든 결과물은 서로에게 창공을 가르는 두 날개가 되어준다.

연애는 상대에게 가장 높은 곳을 구경시켜주는 것으로 시작해 결국 상대가 자신을 하늘 높이 날게 해줄 것이라는 믿음으로 추락한다. 반면 결혼은 두 발이 항상 땅에 붙어 있지만 한 계단씩 함께 의지하고 끌어주며 올라가는 것이다. 비록 혼자보다 느리고 곱절의 힘이 들더라도, 서로를 강해지도록 격려하며 끝내는 더 높은 하늘까지 손닿게 한다.

연애와 결혼은 두 주인공이 한 무대 위에서 펼쳐낸다는 공통점을 가졌지만, 결혼은 보다 긴장되며 복잡한 상황들로 인해 매순간 관계를 테스트하고, 서로의 욕구를 충분히 이해하고 존중하는 상호성을 요구한다. 여기서 상호성은 애초부터 둘이 걸어갈 방향을 함께 모색하고 공동으로 문제를 해결해나가는 것을 의미한다. 기존에는 나만의 선택으로 가장 편하고 빠른 길을 걸어가는 것이 가능했다면 이제는 하나의 팀이 되어 내키지 않는 길이라도 필요하다면 탐험해야 한다. 갈등이라는 산을 함께 넘어서면 혼자일 때보다 몇 배 멀리 나아갈 수 있다는 동반자의 마음가짐을 갖는 것이 중요하다. 상대도 분명 나처럼 원하는 것이 있다는 타자성을 잊지 않고 나만의 방식대로 상대를 끌어당겨 강요하지 않는다는 조건을 충족시킬 때 결국 그 어떤 사람과도 견줄 수 없는 인생의 파트너가 되어 둘만의 긴밀한 상호적 관계를 만들어간다.

그리고 연애와 결혼은 믿음의 시작부터 분명히 다르다. 찰나의 순간 나의 믿음을 확인하기 위해 시작하는 것이 연애라면, 시간을 충분히 갖고 타인에 대한 믿음이 확고해서 긴 동행을 약속하는 것이 결혼이다. 연애는 당신을 알고 싶어 시작되며, 결혼은 당신에 대한 믿음으로 시작된다. 연애는 나와 비슷한 취향을 발견할 때 기뻐하지만, 결혼은 차이를 흔쾌히 인정하고 서로 대화해 조율해나갈 때 행복감을 느낀다. 연애를 통해 알아가는 서로의 사랑과 믿음은 오로지 나의 기대로 평가되며, 그 기대가 실망으로 바뀌면 언제든 서로를 떠날 수 있다. 반면 부부는 서로가 누구인지 충분히 확인하고 인정해서 공개적인 사랑의 서약을 한다. 그래서 연애 중 바람난 상대에게는 물을 끼얹고 관계가 끝나지만, 결혼 후 바람을 피운 상대에게는 보다 강한 윤리적 잣대를 적용하는 것이다.

결혼하기 전에
결혼한 다음을 생각하라

"얼른 결혼해야지. 나이도 있는데."

주변의 걱정은 매일 아침 알람같이 울리고, 혼기 운운하며 데드라인을 강조한다. 알람이 울리기 전의 편안한 잠에서 어떻게든 깨어나야 한다고 상기시키는 불편한 반복. 굳이 그들의 결혼생활을 들여다보려 하지 않아도 스스로 고백한 이야기들을 통해 그다지 행복하지 않다는 것을 느낄 수 있었는데, 자신조차 결혼이 답이 아닌 듯 말하고 행동하면서 왜 남들에게는 결혼을 하라고 강요하는 걸까. 이 물음에 대해 돌아온 솔직한 대답들은 너무나도 허무했다. "지금 때를 놓치면 더 결혼하기 어려워진다" "지금 아니면 아이 키우기 어려워진다" 하고 정작 내일도 보지 못하는 내게 아득한 미래의 걱정을 대신해주고 있는 것이 아닌가. 그래서 나는 더욱더 결혼을 위해 결혼해서는 안 되겠다고 다짐했고, '결혼을 위해 누군가와 살지는 않겠다'라는 결혼관을 갖게 되었다.

미국 심리학자 에드 디너Ed Diener 연구팀은 15년간 독일에
서 약 2만 5,000명의 운명을 장기간 관찰했다. 그리고 0(매우
불행)부터 10(매우 행복)까지 점수를 매겼다. 그중 1,761명이 싱
글이었다가 연구 중에 결혼을 했는데 이후 약 3년간 그들의
행복점수는 높았지만 그 점수가 오래 지속되지는 않았다. 단
지 이 연구만 보면 결혼이 개인의 행복을 보장하는 약속은 아
닐 수도 있다는 뜻이다.

물론 한 개인의 불완전함은 평생 가질 수 있는 행복에 걸림
돌이 될 수 있다. 그러나 결혼을 한다고 해서 개인의 불완전을
완벽히 제거하진 못한다. 오히려 갈등이라는 새로운 그림자가
수시로 둘의 사랑을 테스트한다.

결혼은 완벽한 두 사람이 만나서 하는 것이 아니라 서로의
다름을 인정한 불완전한 두 사람이 만나 공동의 생활을 영위하
며 완벽해지려는 특별한 관계다. 그렇기에 서로 다른 성장과정
과 가치관의 간극으로 생긴 저 갈등이라는 긴장감은 상대와 헤
어지기 전까지는 그림자처럼 피할 수 없다. 누구나 갈등을 좋
아할 리 없지만 특히 그 대상이 평생 함께하기로 마음먹은 내
가 사랑하는 사람이라면 더더욱 곤욕이 아닐 수 없다.

그러나 반대로 갈등 없는 부부의 모습이 과연 올바른 것일
까? 어쩌면 부부들의 소소한 대립, 논쟁은 함께 앞으로 나아가

기 위한 마찰력일지 모른다. 때로는 가던 길에서 잠시 멈춰 서 겠지만 마찰 덕분에 전보다 빨라지고 더 멀리 나아갈 수 있는 추진력을 얻는다. 그러나 작은 갈등도 없다는 건 마치 빙판길 위에서 한 발짝도 나아가지 못한 정지상태와 같고 작은 움직임에도 크게 넘어질 수 있는 위험이 잠재해 있는 것과 다를 바 없다.

무엇보다 갈등의 가장 큰 부분은 개인이 가진 자율성 그리고 차이를 대하는 서로의 태도일 것이다. 그래서 대부분 결혼 초기의 딜레마는 혼자였을 때의 자유와 즐거움을 포기하지 못하는 데서 비롯된다. 이런 딜레마에 빠진 사람들은 아직 결혼이라는 상황을 직면하고 받아들이지 못한 것이다. 특히 아기가 탄생해 서로의 자유를 부모라는 이름으로 종속시키면서 그 문제는 더욱 커진다.

둘 중 한 명이 개인의 자율성을 지키기 위해 협업을 포기한다면 나머지 한 명에게 모든 희생이 강요되고 일방적으로 책임이 전가된다. 불평등과 불공정이 잠재되어 있는 셈이다. 과거에는 가족 내에서 성별에 따른 역할이 강압적으로 정해진 반면 현재는 개인의 특성과 합의에 따른 자율적 역할 분배가 가능하게 되었으니, 그 어떤 집안일보다 중요한 육아라는 업무만큼은 반드시 부부가 함께 해야 한다.

자녀는 엄마와 아빠의 가사업무의 균형뿐만 아니라 엄마와 아빠의 사랑의 균형을 필요로 하는 존재다. 실질적인 예로 하루 평균 6분 육아를 하는 한국 아빠와 300분이라는 시간을 함께하는 스웨덴 아빠의 품에서 자라난 아이의 감성과 가치관은 분명 다를 것이다. (물론 세계에서 가장 오래 일하는 한국의 노동시간 속에서 스웨덴 아빠들만큼 육아를 함께 수행한다는 건 쉽지 않지만, 상황은 언제나 변명일 뿐 개인의 의지는 반드시 예외를 만들 수 있다.)

만약 혼자 있을 때의 자유와 즐거움을 포기하지 못하겠다면 굳이 혼기를 걱정하며 결혼을 하기보다 차라리 서로의 독립성이 보장되는 자유로운 연애만 하면서 평생을 사는 것이 본인은 물론 상대를 위해서도 좋지 않을까. 물론 이런 생각을 가진 부부 사이에서 태어날 뻔한 아이를 위해서도 말이다.

요즘의 결혼을 보면 혼수는 얼마, 집은 누가, 결혼식은 어떻게 하며 자질구레한 의례적 형식들은 모두 꼼꼼히 챙기지만, 정작 두 사람이 같이 살아가면서 발생할 수백 수천 가지 문제와 고난을 함께 이겨낼 수 있을까에 대한 숙고는 얼마나 챙기는지 모르겠다. 부디 주사위를 던지듯 운에 부부의 미래를 맡기진 말아야 할 텐데.

그런 이유로 우리에게 필요한 다음 질문은 '결혼을 이 사람과 하는 게 맞을까'가 아니라, '평생을 이 사람과 함께하는 게 맞을까'다. 전자는 결혼을 위해 누군가와 함께 사는 것이고, 후자는 그 사람과 살기 위해 결혼을 하는 것이다. 전자는 자신의 결정에 부담을 느끼기 때문에 한 번 더 질문하는 것이지만, 후자는 결혼 이후의 삶까지 충분히 고민하는 것이다.

이런 숙고가 없다면 결혼생활이 '원래 이런 사람이 아닌데'라는 부정으로 시작해 '내가 이 사람에게 속았구나'로 끝날 수도 있다. 세면 후 방금 얼굴을 닦은 수건으로 발까지 닦는 상대의 놀라운 모습은 결코 시간이 지나서 변한 모습도 아니고 당신이 속은 것도 아니다. '원래 그는 그런 사람이다.' 인정이 먼저 필요하다. 상대방을 인정해야 서로가 함께할 수 있는 사랑의 준비가 된다.

그다음으로 중요한 것이 공동생활에서 나라는 가치를 어떤 상황에서도 최우선으로 생각하고 행동하려는 독립성을 조율하는 문제다. 또한 유연하게 사랑하는 상대방을 배려하고 상황을 이해하려면 매순간 공감능력이 요구된다.

발을 닦은 수건으로 얼굴을 닦는다는 사실이 중요한 것이 아니라, 이 사람이 앞으로 나와의 공동생활에서 얼마나 자신의 모습을 변화시켜줄지에 대한 현실적 기대가 무엇보다 중요하다. 그리고 이런 변화와 적응을 가능하게 하는 필요조건이 바로 개방능력이다. 서로 다른 점을 대화를 통해 지속적으로 타협하고 늦더라도 긍정적으로 진전시키는 것, 그리고 갈등을 두려워해 일방적으로 피하는 것이 아니라 해결되는 쪽으로 수렴하게끔 조건을 만들어가는 것이 개방능력이다.

물론 인정과 노력만으로 모든 갈등을 완벽하게 제거할 순

없겠지만, 결국 서로의 간극을 줄이고 최초의 사랑을 오래도
록 지속시키며 점차 서로가 닮은 부부로 완성되는 원동력이라
고 믿는다.

결혼은 우주여행처럼

"결혼은 현실이야."

2019년 웨딩컨설팅업체 듀오웨드가 최근 2년 이내 결혼한 신혼부부 1,000명을 대상으로 조사한 결과 평균 결혼비용은 2억 3,186만 원이었다. 이 비용은 영국의 우주여행업체 버진갤럭틱에서 제시한 우주여행 금액인 25만달러, 즉 2억 8,000만 원과 맞먹는다.

이제 우리는 결혼을 더욱 현실적으로 비유할 수 있겠다.

"결혼은 우주여행이다."

얼마나 시적이고 고급스러운 표현인가.

또 우리의 프러포즈도 바꿔야 한다.

"나랑 우주여행 갈래?"

결혼의 어려움을 언급하기 전에 우리가 반드시 알아야 할 내용이 있다. 바로 결혼관계를 청산하는 이혼에 대해서다. 통계청 자료에 따르면, 한국의 2017년 한 해 동안 이혼건수는 총 10만 6,032건이었다. 서로 사랑했기에 평생을 약속했을 수많은 부부들 중 매일 290쌍이 이혼을 하는 셈이다. 이혼 건수는 1995년 6만 8,279건, 2000년 11만 9,455건, 2005년 12만 8,035건으로 꾸준히 늘어 2000년대 들어서는 매년 약 10만 커플이 지속적으로 이혼을 하고 있다.

통계치를 나열한 이유는 이혼 자체를 부정적으로 바라보기보다는 이혼을 너무 쉽게 바라보는 시각을 조금 더 경계해보자는 뜻이다. 특히나 지금처럼 초혼연령이 점차 늦어지고(남성 33세, 여성 30세) 결혼율은 낮아지는 시점(연간 26만 4,500건으로 1974년 이후 최저)에서 평생을 각자의 방식으로 살아온 둘이 함께 어우러진다는 건 기적과 같다는 걸 말하고 싶었다.

남녀관계는 연애든 결혼이든 결국 서로가 사랑을 대하는 태도가 그 끝을 결정한다. 즉 어떤 결혼생활을 영위할 것인가에 대한 나의 기대와 타인이 내 기대를 얼마나 충족시키는가 하는 상호 기대다. 그렇기 때문에 나의 기대가 지나치게 부풀고 상대에 대한 지속적인 이해가 없다면 그 결혼관계의 지속성은 방진 없는 교각과 같으며, 기둥에 금이 간 집과 같다. 언제든 약한 바람에도 흔들리며, 소나기에도 흠뻑 젖는 위태로운 긴장감의 연속이다.

사실 서로의 차이를 인정하는 것과 차이를 안고 살아간다는 것은 엄연히 다르다. 10년 동안 우정을 쌓아온 친구사이가 하루아침에 커플이 된다고 생각해보라. 10년간 서로의 곁에서 모든 것을 알고 있다고 자부하기에 사랑은 쉽다고 믿을지 몰라도, 잠시라도 함께 한 공간에서 생활을 해보면 전혀 몰랐던 부분들을 새삼 깨닫게 되기 마련이다. 마찬가지로 아무리 오랜 기간 동안 커플로 지냈더라도 어느 날 반려자가 되어 한 공간에서 의지하며 살아간다는 것은 그만큼 어려운 일이다. 오히려 오래 알아온 시간이 주는 확신 때문에 지금까지 알고 기대한 상대 모습을 지우고 새로이 천천히 알아가야 하는 시점에서 상대를 이해하려는 노력이 방해받을 수 있다. 또한 상대를 위해 스스로 기꺼이 변화에 협조해야 한다는 다짐을 쉽게 잊을 수 있다.

서로 다른 곳에서 다른 방식으로 결혼식을 진행하더라도 마무리 멘트는 공통적으로 "신랑신부 행진"이다. 여기서 행진은 꽃으로 장식된 길만 걸어가라는 뜻이 아니다. 앞으로 어떤 곤란한 사건들이 기다리고 있더라도 부부라는 이름으로 그 맞잡은 두 손을 꼭 쥐고 함께 극복하며 둘만의 길을 걸어가라는 뜻이다. 결혼은 떠나면 다시 돌아올 수 없을지 모르는 우주여행을 결정하듯이 비장해야 한다.

불륜도 사랑일까?

한 연예인의 불륜 기사가 신문을 장식한다. 10년 전만 해도 말도 안 되는 일이 벌어졌다며 톱기사로 주목받던 것이, 매번 정치공작에 이용되던 시선 끌기용 연예인 스캔들에 내성이 생긴 대중들은 더 이상 놀라지도 않는다.

"남이 하면 불륜, 내가 하면 로맨스"라는 말처럼 자기합리화를 미리 확보하려는 자세인지, 아니면 불륜을 바라보는 시각이 과거보다 관대해진 것인지. 분명 시대는 변했고 가족중심 가치관은 희미해져가며 이혼율이 증가하고 있다. 그렇다고 이 사회가 당장 몰락하는 상황은 절대 없을 테지만, 나는 이 시점에서 반드시 짚고 넘어가고 싶다.

과연 불륜도 사랑으로 인정될 수 있을까? 서로 성인이라면 나이를 극복하는 사랑이야 최근에는 우려보다는 박수를 받을 만큼 이 사회는 충분히 관대해졌다. 그러나 가정이 있는 남녀가 다른 사람과 사회적 책임이나 도리를 벗어난 만남을 갖는 것은 분명 보편적인 사랑의 가치인 '유일성'에 위배된다. (누구는 한 명이 여러 명을 사랑하는 것이 문제가 되느냐며 따질 수 있겠지만.)

법이나 인륜에 대한 이야기를 떠나 우선 간통이 가지는 다양한 형태의 욕구 중심에는 욕정이 있다. 욕정은 성교에 대한 인간의 순간적인 충동이자 자연스러운 욕망이다. 매력적인 사람과 관계를 맺고 싶다는 이 욕망은 정상적인 사람이라면 누구나 가지고 있는 감정이니 욕정 자체가 나쁘다는 것은 절대 아니다. 다만 욕정을 채우겠다는 개인적·본능적 자유가 서로의 궁극적인 믿음으로 하는 사랑보다 우선되는 동물적 선택만큼은 막아야 한다고 생각한다.

톨스토이의 단편소설 〈악마D'âvol〉에서 아내가 있는 남자주인공 예브게니는 스테파니다라는 여자를 만나 깊은 매력에 빠져들면서 한편으로는 공포를 느낀다. '정말이지 그녀는 악마다. 악마가 분명해. 그녀는 내 의지와는 반대로 나를 조정했어. 죽여야 하나? 그래 두 가지 출구밖에 없다. 아내를 죽이든가. 아니면 스테파니다를 죽이든가. 더 이상 이렇게 살 수는 없어.' 그의 아내는 정숙하고 착하지만, 섹스파트너로서는 스테파니다에 미칠 수 없는 밋밋한 여자였다. 그는 선택을 해야 했다. 부부라는 관계를 유지하게 해주는 현재의 사랑과 사회적 평판을 잃더라도 자신이 원하는 여성을 얻으려는 욕정 사이에서.

결국 그는 어느 것도 선택하지 않는다. 차라리 비관적인 자살을 선택함으로써 이 갈림길 앞에서 주저앉아버린다. 육체적 사랑이 부재한 부부관계와 상대의 육체에 빠져든 욕정 사이에서 갈등하는 한 개인의 모습은 처참하다 못해 비극적이다. 그러나 이 남자주인공의 처지는 우리의 현실과 크게 다르지 않다. 그는 분명 아내를 처음 만난 당시에는 섹스파트너를 만난 그때처럼 강한 욕정을 품고 풍만한 성경험을 가졌을 것이다. 욕정은 이처럼 최초에 상대를 누구보다 부풀려 완벽하다고 느끼게 만들지만 관계를 소비하면서 점차 작아지며 끝내 둘의 관계를 소멸시키는 치명적인 독이 된다.

외도는 상상 그 이상의 파괴성을 지닌다. 마치 들꽃을 짓밟고 나무들을 베어 거대하게 지은 현대식 빌딩과 같다. 겉은 그럴듯하지만 실은 주변의 모든 것을 파괴한 데 따르는 상처와 염증을 어떻게든 가리기 바쁘다. 가해자는 순간의 쾌락에 뒤엉켰던 짜릿한 시간 동안 신뢰 하나만으로 그를 기다렸을 상대의 마음은 평생 헤아리지 못한다. 아니 이해한다 해도 그땐 이미 서로가 공들여 구축해온 믿음을 모두 증발시켜버린 후다. 더 큰 문제는 상처에서 그치지 않는 지독한 후유증이다. 피해자는 한 인간이 느낄 수 있는 처참한 모욕을 넘어 헤어나오기 어려운 공황에 빠지고 끝내는 그 누구도 믿지 못해 신의라는 가치 자체를 부정하기에 이른다.

나는 여기서 남과 여의 체념적 이별을 말하고 싶은 것이 아니다. 이별보다 치명적인 '배신'에 대해 이야기하고 있는 것이다. 이별은 어떤 상황에서도 피할 수 없다 해도, 배신은 내가 온전히 그 사람을 믿어온 시간을 비참하게도 쓸모없게 만든다. 그래서 어떤 배신의 이유도 사실 남겨진 사람에게는 정당하지 않다.

한 곳에 머무는 것이 얼마나 고되고 어려운지 우리는 알고 있다. 원하는 것을 찾고 쫓아 돌아다니도록 설계된 인간이, 시간이 지나도 오직 하나만을 위해 모든 유혹을 이겨내고 감내한다는 것이 얼마나 인고와 성숙함이 필요한지 말이다. 언제나 그랬듯이 바람은 불고 비는 내릴 것이며, 보다 아름다운 꽃들이 나를 보라 손짓할 것이다. 그런 환경들 속에서 절대 흔들리지 말자는 것이 아니다. 최소한 당신이라는 땅에 정착해서 사랑이라는 씨를 뿌리고 믿음이라는 뿌리를 깊게 내린 누군가의 진심까지 쉽게 대하지는 말자는 거다.

'정절'을 강요하는
그릇된 사랑법과 권력관계

고려시대 김부식이 펴낸 《삼국사기》에 흥미로운 설화가 실려 있다. 도미 부인 설화다. 도미 부인은 2세기 때 백제 여성으로 《삼국사기》 〈열전 도미〉편에 처음 등장한다.

도미의 부인이 고울 뿐 아니라 절조 있는 행실로 사람들의 칭찬을 받자, 백제 개루왕은 도미 부부에게 큰 질투를 느껴 남편을 불러 그녀의 절개를 시험하도록 했다. 도미는 아내에 대한 믿음이 컸기에 허락을 했고 왕은 갖은 방법으로 도미 부인을 꾀려 했지만 실패했다. 그러자 왕은 도미의 두 눈을 뽑아버린 뒤 배에 태워 바다에 버리고 도미 부인을 강제로 간음하려 한다. 도미 부인은 기지를 발휘해 간신히 왕에게서 도망쳤으나 강어귀에 이르러 건널 수가 없음을 보고 하늘을 우러러 통곡하는데, 홀연히 배 한 척이 나타나 그 배를 타고 천성도라는 곳에 가서 남편과 재회한다. 그렇게 부인은 두 눈이 없는 남편을 평생 보필하고 의지하며 살았다.

그런데 조선시대에 들어 도미 부부의 아름다운 스토리는 인위적인 해석으로 변질되었다. 이숙인의 저서《정절의 역사》에는 세종 때부터 국가가 남성 권력을 유지하고 여성 지위를 박탈할 목적으로 '정절'이라는 단어가 사용되었다고 적혀 있다. 백성의 무지를 극복하는 방법은 윤리와 교육밖에 없다고 믿은 세종은 백성을 교화시키기 위해 실제 충신, 효자 등의 이야기를 모아《삼강행실도》라는 책을 편찬한다. 그 내용 중 하나가 바로 도미의 아름다운 이야기로 〈도미의 처, 풀을 뜯어 먹다〉라는 제목으로 〈열녀도〉에 실렸다. 그러나 삼강행실도에 넣은 이야기는 실제와는 너무 달랐다는 것이 문제였다. 도미 부인을 남편을 위해서라면 무슨 일이든 하는 '정절녀'로 묘사해 조선시대 여성의 롤모델로 왜곡했다. 그 결과 오랫동안 여성은 자신의 허벅지를 도려내서라도 아픈 남편을 수발해야 하며, 죽은 남편을 애모하며 삼년상을 치르는 것이 당연하다고 여겨온 것이다.

조금 깊이 들여다본다면 당시 유교사상이 나라를 통치하던 수단이었고, 또한 최고권력자 위치에서 행했던 세종대왕의 처사를 지금 시대 기준만으로 평가해 편협한 여성관을 가졌다고 비판하는 것은 바람직한 접근은 아니라고 본다. 다만 우리가 살고 있는 현시대에서라도 부디 이 그릇된 정절을 사랑으로 오해하지 말기를 바란다. 책임에 대한 주체가 분명히 다르기 때문이다. 남편을 찾기 위해 죽음도 불사한 도미 부인의 용기가 사랑을 지키고자 한 자발적 행동이었다면, 왜곡된 정절 개념은 여성에게 성적 순결은 물론 가부장에게 자신의 모든 자유와 삶까지 희생하는 것을 종용해 복종시키는 수단이 되었던 것이다. 이 둘은 얼핏 상대를 위해서라면 무엇이든 하는 비슷한 사랑법처럼 보이지만 실은 주체성이라는 면에서 극명하게 차이가 난다.

인간은 서로 관계 맺기를 하는 동안 언제든 지나칠 수 있는 우연성을 내 곁에 붙잡아두어 연속성으로 바꾸려 부단히 노력한다. 이런 과정에서 얼마나 서로를 열망하는가의 차이가 관계의 권력이며 힘이 되곤 한다. 철학자 니체는 누구보다 날카로운 시각으로 우리가 서로에게 '의미'를 부여함으로써 '권력'이 발생한다고 설명했다. 즉 우리가 맺은 관계들은 모두 어떤 의미로 연결되어 있으며, 그 의미를 못 느끼면 관계는 시작될 수 없고 또 그 의미가 무의미해질 경우 기존 관계는 사라진다.

너와 나라는 관계 속에 의미라는 꽃이 피어나듯 사랑 속에도 권력은 얼마든지 존재한다. 강자와 약자, 주도와 복종, 갑과 을이 있다. 자신을 모두 던져서라도 상대를 열망하는 약한 사람은 결국 사랑의 줄다리기에서 처절하게 일방적으로 끌려가게 된다.

사랑은 마냥 아름답기만 한 것이 아니라, 실제로는 슬픔과 환희 사이 어딘가에 있다. 병적인 나와 도저히 예측할 수 없는 상대 사이의 투쟁이자 불안과 같다. 그 불안에 잠식당하지 않는 건강한 사랑을 원한다면, 차라리 순종하고 희생해서라도 어떻게든 상대의 마음을 잡으려는 그릇된 태도부터 중단해야 한다. 정상적인 사랑관계 속에서는 혹여 상대가 순종적인 태도로 일관하더라도 그대로 방치하는 것이 아니라 속박에서 탈피하도록 같이 무릎을 꿇고 손을 내밀어주기 마련이다. 자신보다 완벽한 자를 섬기는 것은 권력을 따르는 노예에 지나지 않는다. 상대를 나와 동등한 존재로서 따뜻이 품게 되는 그 순간이 바로 사랑이 아닐까.

가부장제와 평등의 조건

가부장제 사회에서는 아무리 가난한 사람이라도 자산가였다. 아내, 자식, 가축을 소유하고서 자신이 절대적인 지배자임을 느낄 수 있었다. 가부장제 사회에서 최소한 남자한테는 자식을 많이 가지는 것이 자본을 투자하거나 몸소 수고할 필요 없이 인력을 소유할 수 있는 유일한 방도이다. 그러나 출산부담은 여자 편에서 전적으로 짊어지는 것을 고려할 때, 가부장제 사회에서 후손을 생산하는 일은 여자들에 대한 무자비한 착취행위라는 사실을 부인할 수 없다. 한편 어머니는 어머니대로 자식들에 대해 어릴 때까지는 단호한 소유주 노릇을 한다. 남편은 아내를 착취하고, 착취당한 아내는 자식을 착취하고, 성장한 남자들은 그들의 부친의 대열에 가담하여 다시 아내들을 착취하는 것이다.

_에리히 프롬, 《소유냐 존재냐》(까치, 1996), 106~107쪽.

가부장제 안에서 남성의 우월한 지위는 무려 수천 년이나 지속되어왔고, 이제야 조금씩 더디게 변화되고 있다. 평등이라는 단어는 어떤 의무나 권리, 자격이 차별 없이 고른 것을 뜻하지만, 과연 그 의무와 권리와 자격을 대체 누가 주는 걸까? 바로 6,000년간 기득권을 가졌던 남성들이다. 그러다보니 당연히 평등의 잣대가 다분히 남성적 시각에 치우쳐 있으며, 여성들이 생각하는 평등의 이상과는 여전히 괴리가 크다.

평등은 사랑의 필요조건이지만 절대 거저 주어지지 않는다. 서로가 동등하게 맞춰갈 수 있는 관계까지 주변환경이 개선되고 개인의 의식적 노력이 수반되어야 한다. 그래서 양성평등은 다층적이고 현실적이다. 나는 우리가 평등의 기본을 배웠던 가정으로 돌아가는 것을 제안한다. 가부장이라는 단어가 탄생한 곳이 바로 가정일 뿐 아니라, 개인의 인성과 의식이 처음 형성되는 가정이야말로 사랑과 평등을 체험하는 장이다. 독박 육아하는 엄마와 소파에 누워 TV를 보는 아빠, 여자는 얌전해야 한다는 엄마와 남자는 절대 울지 않아야 한다는 아빠. 언제까지 생물학적 차이로 역할을 구분하는 가정을, 그리고 사회를 방치할 것인가.

그런데 가부장제로 인해 남성이 무조건 이득을 보는 것일까? "아빠 힘내세요"라는 구호는 결국 가장인 남성이 가족을 부양 가능할 때만 가부장제가 작동될 수 있다는 중압감의 상징이다. 수확물을 가져오지 못하면 인정받지 못하는 참담함을 말해준다. 마치 평생 무거운 바위를 산 정상으로 밀어 올려야 하는 시시포스의 영원한 형벌처럼 가장에게는 무거운 책임이 주어진다.

한편 여성이 남성보다 열등하다는 착각, 여성을 여성다움이라는 프레임에 가두어 사회적 위치에서 물질적 자원과 자아실현의 기회를 박탈하는 것도 부조리하다.

이제야 남성들도 사회활동보다 가사에서 적성을 찾기도 하며, 남성의 전유물로 여겨지던 버스나 중장비 운전등의 분야에 여성이 진출하게 되었고, 성별 임금격차 OECD 1위인 국가에서 동일노동에 종사하는 여성이 남성에 비해 얼마나 열악한 근무조건과 임금을 감수해왔는지 알게 되었다.

앞으로 우리는 남녀라는 성에 집착하지 않는 세상을 만들 수 있다. 그리고 그런 이상적인 평등 세상을 실현하려면 오직 모든 차별을 뛰어넘는 '바람직한 사랑의 이해'만이 해법이다. 온전한 사랑은 절대 둘의 따뜻함에만 종속되지 않으며 주변으로 확장된다. 마치 오케스트라의 합주처럼, 각기 다른 악기들이 차이를 극복하고 조화를 이루어 더욱 웅장하고 장엄한 선율로 승화시키듯 말이다. 사랑이라는 국가에는 성별도 종교도 장애도 나이도 존재하지 않으며 오직 사람들이 있다는 사실을 잊지 말자.

부부의 이상적 조건

최근 한국의 유난히 낮은 혼인율과 높은 이혼율 때문일까. 결혼한 부부들의 이야기를 전하는 예능 프로그램이 참 많아졌다. 그중 〈효리네 민박〉에서 가수 이효리가 밝힌 이상순과 결혼한 이유가 인상적이었다.

"오빠랑 대화하는 게 세상에서 가장 좋아. 그것 때문에 결혼한 거다."

서로 마주하고 이야기를 전달하는 '대화'의 중요성을 알려주는 말이었다. 만약 누군가 어떤 사람과 결혼을 할지 말지 고민하고 있다면, '그 사람을 사랑하는가?' 하는 원초적인 질문 대신 '그 사람과 평생 대화하며 살 수 있는가?' 하고 관계의 발전 가능성에 대해 생각해보라.

우리는 보통 어떤 상대를 선택하고 만날 때 나와 닮은 모습을 발견하고 관계의 끈을 만들어간다고 생각하지만, 실제로 관계 지속성은 서로 비슷한 사람보다 서로의 차이를 인정하고 부족함을 채워 상호보완이 되는 사람을 만날 때 높아진다.

"나는 감정 기복이 심한데, 남편은 그런 기복이 없다. 또 내가 남성적이라면, 남편은 조금 여성적인 편이다."

이 말을 통해 우리가 오랫동안 관계를 맺어야 하는 반려자를 찾을 때 우선적으로 확인해야 할 것이 '상대는 누구인가'보다 '나는 과연 어떤 사람인가'임을 유추할 수 있다. 우선 내가 누구인지 어떤 성향을 가지고 있는지를 충분히 알고 나서야 비로소 어떤 사람이 내게 맞을지 판단할 수 있기 때문이다. 그리고 나와의 상호보완 가능성을 확인할 수 있는 가장 확실한 검수 방법이 바로 '대화'이다.

미국의 심리학자 존 고트먼John Gottman 교수는 부부상담을 통해 '이혼 예측'이 가능하다고 주장했다. 그는 매우 수학적인 방식으로 부부관계를 진단하고 15년 이내에 이혼할지를 예측하는 시스템을 개발했는데, 15분만 관찰해도 성공확률이 무려 90%나 되었다. 그 놀라운 방식은 다름 아닌 남편과 아내가 나눈 대화를 분석하는 것이었다.

이 부부관계 진단 테스트는 평범한 대화가 아닌 둘 간의 이견이 있는 문제(돈, 육아, 분업, 섹스 등)로 대화를 나누게 하고 15분 동안 모든 대화와 행동을 샅샅이 기록했다. 놀랍게도 보통 부부들이 부정적인 대화를 나누는 빈도는 20%를 넘지 않았지만, 상당수가 15년 이내에 이혼에 이른 불행한 부부들의 대화에는 부정적인 감정의 비율이 40%가 넘었다고 한다.

특히 비극으로 끝난 부부들이 공통적으로 서로에게 표출한 감정이 하나 있는데 바로 '경멸'이었다. 상대의 말을 자르고 의견을 무시하는 것은 물론 어처구니없다는 내색까지 하는 비정한 표정은 제3자에게도 내보이기 힘든 적대적인 공격성을 행사하고 결국 상대에게 깊은 상처를 남기기 충분했다.

사실 경멸은 본인의 감정만 들여다보는 인간이 가질 수 있는 가장 폭력적인 감정이다. "경멸은 머리에서, 증오는 가슴에서 나온다"라는 독일의 철학자 쇼펜하우어 Arthur Schopenhauer 의 말처럼, 가장 사랑하는 사람을 더 이상 동등한 관계로 존중하지 않고 깔보는 경멸은 머리에서 시작되어 상대의 가슴에 증오라는 나무를 심는 것과 다름없다.

이처럼 부부관계의 지속성 척도는 '건전한 대화'인데, 대화에서 가장 중요한 것은 서로 다른 생각을 담은 의견 자체가 아니라 그 의견을 주고받는 '태도'였다.

"저 사람은 나를 이해하려 하지 않는다."

"저 사람과 대화가 안 통한다."

"우리는 말하면 싸우게 된다."

대화의 태도가 준비되지 않은 상대와는 이처럼 점차 대화의 빈도가 줄어들고 끝내 거부와 침묵으로 이어지게 마련이다. 그렇기에 대화란 단순히 내 생각을 말로 전달하는 것에 그치는 것이 아니라, 내 마음의 온도를 입김으로 그리고 표정으로 담아 전달하는 것으로 여겨야 한다.

　우연히 들른 순댓국집에서 옆 테이블에 마주앉은 노부부를 보았다. 비록 무슨 말을 나누는지는 알아듣지 못했지만 국이 뜨거우니 천천히 호호 불어가며 먹으라는 뜻은 손짓과 걱정스러운 표정만으로도 충분히 이해할 수 있었다. 보글보글 끓던 순댓국보다 뜨겁던 그 모습을 바라보며 어쩌면 부부의 이상적 조건인 대화는 주고받는 내용보다 표정과 입에 밴 말투나 본새가 더 중요할지도 모르겠단 생각이 들었다.

　사실 우리는 누구와도 평범한 대화를 할 수 있지만 그런 평범한 대화만 평생 하며 살아갈 수 있는 사람은 별로 없다. 특히 감정이 격해질 때가 문제다. 상대에게 자신의 감정을 투영해서 경멸적 태도를 보이고 험한 말을 쓰기보다는 부드럽게 자신의 이야기를 전달하려는 사람과의 대화가 관계 만족도는 물론 타협 성공률도 높기 마련이다. 그만큼 말하는 이의 마음이 안정적이고 담대하다는 의미이기도 하다.

　결국 얼마나 서로에게 부정적 대화(상대방의 말을 무시하고 회피하며 부정적으로 해석)를 하지 않는지가 중요하며, 사소한 갈등이 커다란 다툼에 이르는 것을 미연에 예방한다. 보통 성공적인 결혼생활을 하는 부부들은 되도록 정서를 공유할 수 있는 이야기를 만들려 부단히 노력하고, 그 이야기를 나누며 서로 애정과 결혼의 가치를 확인한다.

만약 대화 중 어떤 갈등의 순간 화가 나려 할 때 이 〈잡아함경雜阿含經〉 내용을 한번 떠올려보라.

"이것이 있으므로 저것이 있게 되고, 이것이 일어나므로 저것이 일어난다. 이것이 없으므로 저것이 없게 되고, 이것이 소멸하므로 저것이 소멸한다."

여기서 '이것'을 '나의 경멸'로, '저것'을 '상대의 경멸'로 바꿔 생각해보길 바란다. 그리고 순간의 감정에 이빨을 드러내기보다 분노라는 지뢰를 해체하고 서로라는 거울을 마주하며 가장 인간다운 대화가 이어지도록 해보자.

사실 나의 불행이 누군가의 기쁨이 되기도 하는 사회에서 누구에게도 보여주고 싶지 않은 나의 슬픔을 내 앞에 있는 사람보다 잘 알고 위로해주며 격려해주고 이해해줄 수 있는 존재도 또 없지 않은가.

우정과 사랑의 차이

　한 남성이 수년을 친구로 지내던 여성에게 고백을 했다. 그들은 서로를 누구보다 잘 알고 있었기에 교제를 시작했다. 그러나 그들은 얼마 가지 못해 헤어졌는데 그 이유는 바로 '대화의 어려움' 때문이었다. 누구보다 서로를 잘 아는 관계였던 이들에게 대체 어떤 점이 대화를 어렵게 만들었을까?

　바로 친구와 연인 사이에는 '기대'라는 속성의 차이가 존재하기 때문이다.

　아무리 오랜 친구였어도 커플이 되자 그동안 몰랐던 서로의 주관이 뚜렷하게 드러났다. 평소 "너는 너, 나는 나, 우리는 그 누구의 소유도 될 수 없으며 내게 무엇을 하지 말라 할 권리는 없다"며 개성화를 주장한 남성의 가치관은 "연인이라면 대부분 시간을 공유해야 한다"고 연인만의 룰을 주장한 여성의 가치관과 서로 대립되었다. (이 기대는 성에 따라 다른 것이 아닌 개인의 차이다.) 즉 이들이 '연인'이기 전에는 전혀 생각하지 않았던 사랑하는 사람에 대한 기대라는 것이 서로 생겨난 것이다.

독일의 사회학자 니클라스 루만Niklas Luhmann은 연인들의 대화의 주재료는 '기대'라고 규정했다. 사랑의 대화는 무엇보다 사랑하는 상대에게 갖는 충분히 실현 가능한 기대를 통해 이루어진다. 커플은 사랑의 관계를 통해 어떤 이득이나 기교를 기대하는 것이 아니라 오직 관심과 호의 그리고 이해를 기대한다. 그리고 상대 역시 같은 것을 기대하며 서로의 기대에 대해 끊임없는 평가를 하는 것이 사랑이라는 게임의 코드(약속)라는 설명이다.

앞서 말한 커플 중 남성의 개성적 사랑 방식은 다음 글에 자세히 이야기하기로 하고, 우선 여성이 기대하는 공유적 사랑의 코드란 각자의 시간을 상대를 위해 제공하길 기대하는 것이다. 자신의 감정을 상대방이 존중하고 돌봐주기를 바라며 나도 그에게 기꺼이 그렇게 함으로써 합일된 관계를 희망한다. 즉 '좋다' '싫다'라는 아주 심플한 감정이 아니라 내밀한 감정을 표출하고 수용하고 또 주고받는 특별한 애정관계를 상대에게 기대하는 것이다. 친구일 때는 전혀 기대하지 않았으나 연인인 현재는 기대로 가득 차 있는 것. 이 차이가 우정과 사랑의 간극이다.

우리는 여기서 매우 중요한 사실 하나를 확인할 수 있다. 사랑하는 연인 사이의 기대는 필연적으로 초기에 상대를 미화시킬 수 있는 위험성을 가지며, 나의 편협한 시각으로 존재하지 않는 이미지를 상대에게 입히고 자체적으로 평가할 우려가 있다는 것이다. 원래 기대란 그렇지 않은가. '저 사람은 분명 낭만적인 사랑꾼일 거야' '저 귀여운 사람은 분명 애교가 많을 거야' 이런 연인 사이의 기대는 서로에게 특별함을 부여하지만, 기대라는 단어 속에 이미 안정감을 언제든 해칠 수 있는 불안이 공존한다. 그래서 만약 서로의 기대 코드를 수시로 절충하려는 노력이 없다면 언제든 무너질 수 있는 것이 사랑이다. 특히 사랑하는 사이는 이런 과정을 마음껏 테스트하는 기회를 극적으로 얻었지만 언제든 다시 못 볼 남이 될 수 있단 위험성도 내포한다. 그리고 이런 위험성은 한쪽이라도 사랑에 대한 지나치게 낭만적인 접근을 놓지 않는다면 차라리 시작하지 않는 것이 나았으리라는 후회에, 끝내는 이별에 점점 노출될 것임을 예고한다.

연인 간 대화의 준비

너와 내가 만나 이제 우리라는 커플이 되었다. 이는 서로 하나가 되고 싶다는 강력한 의지와 때로는 혼자 있고 싶다는 욕구가 공존하는 불안한 외줄타기와 같다. 그래서 이런 소유와 자유의 투쟁 앞에서 커플은 영원한 행복보다는 시시때때 찾아오는 갈등과 대면하게 된다. 특히 자신의 욕구가 강해지다보면 애써 숨겨왔던 날카로운 발톱을 점점 드러내 관계의 지속성을 끊임없이 테스트하게 된다.

이 갈등을 헤쳐 나가는 유일한 방법은 '대화'이다. 그러나 사랑의 준비만큼이나 대화를 나눌 준비가 부족한 사람들은 언제나 나의 의견만 개진하며 상대의 의견을 이해하려 들지 않기에 결국 대화를 포기하기에 이른다. 대부분 이런 순간까지 오면 '어차피 해도 소용없다'는 전제가 깔려 있다. 대화가 실패로 끝날 것이라는 확신은 이미 관계가 마지막에 가까워졌음을 뜻한다. 진심으로 상대와의 관계를 개선하고 싶다면 그것 만큼은 피하도록 서로 노력해야 한다. 알다시피 모든 갈등의 시작이 대화였다면 해결도 오직 대화로만 가능하기 때문이다. 그만큼 대화의 준비성은 관계 발전에 그 어떤 것보다 중요하고 오랜 자기 훈련이 요구된다. 그러면 대체 어떤 것들을 알고 이해하며 노력해야 할까.

우선 상대의 방식을 지적하고 선도하려는 교육자적인 관점과 상대의 단점을 들추며 갈등을 야기하는 시비조를 경계해야 한다.

지적이 대부분 진실이고 상대를 사랑하기에 하는 말일 수도 있다. 다만 상대의 잘못된 점을 말하는 지적과 옳고 그름을 따지는 말다툼인 시비를 혼동해서는 안 된다. '지적'은 상대를 위한 긍정적인 마음을 바탕으로 가능하지만 '시비'는 이미 상대에게 좋지 않은 감정을 품고 트집을 잡는 것으로 시작되기 때문이다. 또한 지적을 할 때도 이런 것을 해줬으면 좋겠다는 기대와 함께 상대가 나의 기대를 완벽히 맞출 수는 없다는 인정이 필요하다. 무엇보다 지적을 당하는 사람에게는 논리적 이해보다 감정적인 수용이 우선되기 때문이다.

또한 섣부른 자기 확신도 금물이다. 뉴질랜드 캔터베리 대학의 심리학자들은 '감정이입' 능력이 함께한 시간이 오랠수록 개선되는지 규명하는 연구를 했다. 감정이입은 말 그대로 자신의 감정을 상대에게 이입해 융화하려는 정신작용이다.

연구자들은 평상시가 아닌 말로 심하게 다툰 74쌍의 부부들에게 자신의 감정과 생각을 논평하고 배우자의 내면에서 어떤 일이 일어났을지도 추측하게 했다. 그리고 서로가 적은 것을 비교했더니 결과는 놀라웠다. 결혼한 지 오래된 부부일수록 배우자의 생각과 느낌을 더욱 몰랐다. 결국 섣부른 자기 확신이 오히려 배우자를 이해하는 감정이입 노력까지도 막았던 것이다.

그런가 하면 모두가 알면서도 망각하는 사실이 있다. 바로 대화는 이성적인 상황에서만 가능하다는 것이다. 감정을 억누르기 어려워지면 하나의 감정이 다른 부정적인 감정들까지 끌어모으게 되어 타인의 이야기를 듣지 않고 오직 본인의 감정만 들여다보는 것에 집중하기 마련이다. 그리고 그 감정의 파도는 끝내 상대를 쓰러뜨리기 위해 주체 못 할 해일처럼 거대해진다. 결국 상대방이 전하고자 하는 전체 맥락을 이해하기보다는 부분부분의 꼬투리를 잡기에 혈안이 된다.

무조건적인 대화 시도보다 중요한 것은 대화를 위한 나와 상대방의 준비 자세 즉 '대화에 임하는 서로의 태도'다. 잊지 말자. 혼탁한 물에 떨어진 물건을 줍기 위해 내가 할 수 있는 최선은 오직 맑아질 때까지 '기다릴 줄 아는 여유'를 갖는 것이다.

싸움은 필연적이지만 근사하게 마무리될 수 있다는 것도 잊어서는 안 된다. 역사적으로도 모든 전쟁은 작은 총알에서 비롯되었다. 그리고 걷잡을 수 없이 전면전으로 치달았다. 대부분 연인들의 싸움도 한 사람의 불평에 다른 사람의 반박이 이어지는 형태로 사소하게 시작되고 반복된다. 그러다 어느덧 싸움의 목적을 망각하고 초기 대화의 주제를 벗어나 과거의 잘못까지 끄집어내며 상대방을 어떻게든 이기려 든다. 남녀뿐만이 아니라 친구, 부모와 자녀, 직장동료 등 어떤 관계에서나 타협을 찾지 못하는 대화는 이처럼 감정만 충돌하는 악순환을 야기하기 마련이다.

그런데 지금 당신 앞에 있는 상대와의 싸움은 승자와 패자를 결정하는 전쟁이 아니다. 더 이상 물러날 곳이 없다며 배수진을 치는 마음가짐은 필요 없다. 만약 당신이 상대를 반드시 이겨야만 하는 '적'으로 규정한다면 결국 서로를 찌르고 피를 흘리고 만다. 어떤 극심한 갈등상황에서도 결국 서로는 같은 편인 '아군', '팀'이라는 사실을 절대 잊지 말아야 한다.

사랑이라는 숲에는 절대 아름다움만 존재하지 않는다. 해충은 물론 치명적인 독사도 공존하는 공간이다. 다만 처음에는 우리가 심미적인 사랑의 매력에 깊게 빠져 있다가 뒤늦게 그 위험한 존재들을 하나씩 발견하게 될 뿐이다. 그 존재를 충분히 알고 사랑의 숲으로 걸어 들어간 이와 아무 준비 없이 맨몸으로 뛰어든 사람 사이에서 사랑의 생존은 극명한 차이가 있다.

우리는 한때 뜨거웠던 감정이 식으면 기다렸다는 듯이 상대의 보이지 않던 결함을 쉽게 인식하고 찾아낸다. 서로가 베풀었던 친절에 대한 감사는 점점 무뎌지며 서운함이 늘고 내 눈에 잘못된 것에 더욱 주목한다. 상대의 결함을 찾고 그것에 집중하는 태도는 보통 부정적인 인식이 기존의 감정을 지배한 상황에서 나타난다. 즉 이런 부정적인 인식은 상대가 가진 단점을 잊지 않으려는 반응이다. 반면 긍정적인 인식은 이렇게 내 안에서 바라보는 관점에서 탈피해 상대가 가진 장점에 꾸준히 집중할 때 가능하다.

만나기로 한 그가 제시간에 오지 않았을 때, 어떤 상황인지 걱정하기보다 어떻게 나보다 늦을 수 있냐며 화부터 내는 태도는 그 시간과 상황에 내 모든 생각이 오직 그에게 쏠려 있었기 때문이며 그에 대한 부정적인 인식에 내 모든 감정을 지배당한 결과다. 그래서 그 부정적인 인식을 적극적으로 흘려버리는 것이 무엇보다 중요하다. 만약 당신이 그 생각에서 벗어나 잠시 주변에서 들려오는 음악에 몰두하거나 후각을 자극하는 빵집에 들러 의도적으로 감정 변화를 이끌 수 있다면 부정적이던 마음의 불편함도 결국 경감될 것이다. 하늘을 올려다보거나 책을 펴보는 것도 좋다.

부정적인 인식이 본능이라면 긍정적인 인식은 나의 능력이고 훈련될 수 있다. 내가 꾸준히 주의를 환기시키려 노력한다면 마음의 불편함을 잠그고 평소 기대하지 못했던 소소한 행복까지도 찾을 수 있다.

　대화의 중요성을 짚어보면서 마지막으로 중요한 사실 한 가지를 깨닫게 되었다. 우리는 결혼 전 상대를 알아가기 위한 충분한 교제기간이 필요하다고 생각하지만, 상대적으로 단기간 교제 후 바로 결혼을 하고서도 탄탄히 사랑의 지속성을 쌓아가는 부부를 종종 보게 된다. 감히 말하건대 그들의 사랑이 다른 커플들보다 특별해서가 아니다. 이미 오래전부터 누굴 만나든지 긍정적인 인식과 대화하려는 태도가 준비된 사람들이기 때문일 것이다. 저 초원 위에서 풀을 뜯는 양들과 평생 대화하는 양치기처럼, 그들은 열심히 상대를 알아가려 하고 충분히 이해하며 사랑의 대화를 가벼이 여기지 않을 준비를 이미 마쳤던 것이다.

사랑하는 사이의 권력, 주도권

상대의 지나친 행동을 제지하지 않으면서도 같이 살아갈 수 있을까?

개인의 개성화와 연인 간 애착 사이의 갈등을 종식시키기 위해서는 꼭 들어맞는 일치점이 아닌 인정과 조율이 가미된 균형이 중요하다는 설명이 이 질문에 조금은 도움이 될 것 같다.

사랑이 좋은 것은 누군가가 나를 사랑한다고 계속 느끼게 만들기 때문이다. 평범한 존재였던 나를 상대가 특별하게 대해주기 때문이며, 심지어 나조차도 불편했던 내 단점을 안아주며 "너는 괜찮은 사람"임을 따뜻하게 주지시켜주기 때문이다. 곧 상대의 진정 어린 돌봄으로 인해 잃어버렸던 자존감을 상기하고 회복하게 된다.

그런데 연인이 함께 살기 시작하면서부터 상대의 어떤 면을 자꾸 고치라고 한다면 어떨까. 처음에는 부탁을 할 것이다.

그렇게 대화를 시작한다. 그러다 자신이 기대한 만큼 변화가 없다면 요구를 할 것이다. 갈등의 시작이다. 그러다 결국 요구하는 쪽(대부분 무언가를 지속적으로 요구하는 사람이 사랑의 권력이 강하다고 여겨진다)이 어떻게든 자신의 힘을 내세워 상대를 강압적으로 통제하려 할 것이다.

누군가는 그것을 '정당한 요구' 또는 '주도권 잡기'라고 하고, 누군가는 '더 사랑하는 쪽이 양보하는 것'이라고 하겠지만, 어쨌든 사랑의 권력이 강한 자가 힘을 과시할수록 상대는 그 요구대로 극적으로 변화하게 된다. 마치 부모와 자식의 양육 관계에서처럼 말이다. 그러나 언젠가는 억압을 받는 쪽이 감정적 저항을 시작할 것이고, 갈등은 더욱 고조되며, 끝내 등을 돌릴 것이다. 왜냐면 그는 아이가 아닌 주체성이 완성된 어른이기 때문이다. 어떤 상황에서도 상대방을 아이처럼 다뤄서는 안 되는 이유다.

인간에게 가장 필요한 가치를 '자유'로 생각한 존 스튜어트 밀John Stuart Mill이 《자유론On Liberty》에서 한 말을 빌리면, "사람은 누구든지 자신의 삶을 자기 방식대로 살아가는 것이 바람직하다. 그 방식이 최선이어서가 아니라, 자기 방식대로 사는 길이기 때문에 바람직한 것이다"(여기서 '자기 방식'은 타인을 고려하지 않는 '자신만의 방식'이 아니다). 즉 우리 모두는 자신이 가진 최소한의 의지인 '자기 결정권'을 행사하며 살아가고 있다. 그래서 심지어 부부사이라 할지라도 내 자유에 위협을 느끼기 전에는 일방적으로 상대방의 자유를 제한하거나 제지할 권리가 없다.

만약 어떤 남자가 결혼 후에도 총각일 때처럼 술을 잔뜩 사재기했다고 하자. 그는 평생 해오던 습관대로 '자기 결정권'을 행사한 것이지 상대에게 해를 가하려는 의도는 분명 없었을 것이다. 부부가 함께 살아야 하는 공동생활에서 사치는 경제적 위기까지 가져올 만큼 중요한 사항임을 자각하지 못했을 수 있고, 혹은 충분히 이해하고 있음에도 오랜 습관 때문에 고치지 못했을 수도 있다. 이때 아내가 할 수 있는 건 이 사실을 상대에게 충분히 전달하고 표현하는 것이다. '언젠가 나아지겠지'라는 막연한 기대는 금물이다. 상대의 사재기를 일방적으로 통제하려 하기 전에 왜 그것이 부부생활에 치명적인 위험을 가져올 수 있는지 충분히 대화해 이해와 설득이 우선되어야 한다. 그가 자유권을 가진 성인이며 한편으로 불완전한 존재라는 인정이 가능할 때 이와 같은 대화는 평생 유효하다. 반대로 술을 사재기하며 자신의 방식을 고수하는 남편은 '개인의 자유도'에만 치중하는 태도가 공동생활을 하는 부부에게 심각한 피해를 입힐 수 있음을 하루 빨리 자각해야만 한다.

TV프로그램 〈안녕하세요〉를 보면 각양각색의 사람들이 나와 우리가 상상하지도 못할 여러 고민을 제보하는데, 사실 그 모든 것은 혼자 산다면 전혀 문제가 되지 않을 것이다. 오직

한 공간에서 연대하며 살아가야 하는 공동체인 가족, 부부 같은 내밀한 관계에서 문제가 발생한다. 평생을 양보해준 부모님과 살았든, 독립된 공간에서 홀로 자유를 누리며 살았든, 대부분의 사람들이 착각하는 것이 하나 있다. 바로 '개인일 때의 편함'이다. 그러나 대부분의 편함은 게으름이 이끄는 내리막길이며, 단순한 멈춤이 아닌 주저와 방관으로 향한다. 수많은 연애 속에서 타인과 시간과 공간을 함께 나눴음에도 아직까지 당신의 생활에 깊숙이 한 발자국 발을 내딛고 들어온 사람이 없다는 것은 독립성을 끝까지 훼손시키지 않았다는 자랑거리가 아니라, 누구도 당신과 함께 살 용기를 내지 않았다는 불편한 진실을 알려주기도 한다.

사실 우리가 착각하는데, 부부관계는 개인이 누리던 편함을 희생하는 것이 아니다. 오히려 둘만의 협력관계를 선언하고 고단한 삶이라는 장거리를 함께 걸어가는 법을 배우는 일이다. 물론 변화는 어렵다. 그래서 스스로를 변화시키는 것이 어렵다면, 당신의 곁에서 힘이 되는 상대에게 언제든 도움을 구할 수 있다. 직접 참여해 공동의 규칙을 설정하면, 개인의 자유를 억제하는 것이 아니라 서로의 부족함을 메워주고 어려움을 다독이며 또 장점을 칭찬함으로써 보다 긴밀한 동반자 관계로 발전된다. 사랑하는 상대는 당신의 변화를 위해 무엇이라도 도와줄 마음의 준비가 되어 있으리라는 것을 잊지 말아야 한다.

결혼 전 짧지 않은 연애기간 동안 우리는 서로를 알아가는 과정을 충분히 겪기 마련이다. 이 과정은 사실 상대의 장점뿐만 아니라 단점도 알아가는 시기다. 설혹 몰랐던 사실을 나중에 알게 되더라도, 단 하나만큼은 확신이 있어야 함께 살기로 결정할 수 있다.

"서로 존중하며 서로를 위해 변화할 수 있는가?"

즉 주도권을 다투며 자신의 개성화만 주장하지 않고 기꺼이 양보할 줄 알며 둘만의 바람직한 관계 구축을 위해 노력하는 사람인가? 이것이야말로 장거리달리기 준비에서 분명히 확인해야 할 사항이다.

러블리와 로맨틱에 대한 경고

사랑하는 여자를 위해 자신을 희생하는 남자의 모습을 현대인들이 '로맨틱'하다고 믿는 것은 과연 잘못인가?

인간은 누구나 부러움이라는 감정이 있어 좋은 것을 보면 자신도 갖고 싶어진다. 그러다보니 여자들 대부분에게 로맨틱한 남자를 만나길 바라는 기대가 자연스레 체화된다. 이것은 낭만적 고백인 '프러포즈' 하면 남성이 여성에게 고백을 하는 모습을 떠올리고 상대에게 기대하는 것과 같다. 현실에 매이지 않고 감상적이고 이상적인 남성을 기대하는 것이 절대 잘못은 아니다. 그러나 우려스러운 것은 한쪽이 일방적으로 강요하는 태도를 보이더라도 받아주어야 로맨틱하다고 왜곡될 수 있다는 점이다. 아무리 불편한 상황도 매번 로맨틱하게 받아주던 남성이 조금만 예상에서 벗어나면 그에게 실망하게 된다. 그러나 자발적인 변화와 일방적 희생을 구분할 줄 알아야 한다.

　이것은 비단 여성뿐만 아니라 남성도 똑같다. 마초 기질이 뚜렷한 권력적인 남성을 어떤 상황에서도 이해하고 받아주는 여성을 보며 '러블리'하다고 부르는 것도 위험하다. 사실 수천 년 동안 사회적 약자였던 여성들은 '현모양처'여야 하고 '가정적'이어야 하며 어떤 상황에서도 '다정'해야 한다며 남성들의 '이상적 여성상'에 종속되어왔다. 누가 더 순종적인 여성과 결혼했는지가 장가를 잘 갔다는 척도가 될 정도였다. 이런 가부장적인 행태는 성차별일뿐더러 이상적 여성상을 규정해 소유하려 했던 남성들의 폭력이었음을 잊지 말아야 한다.

　그런가 하면 존재할 수 없는 상상의 인물인 '이상형'이 있다. 여성들에게 이상형을 물어보면 공통적으로 키가 평균보다 크고 어깨가 넓으며 따뜻한 가슴을 가진데다 지적이고 능력도 좋으면서 낮은 중저음으로 말도 자상하게 하면서도 무엇보다 나만 사랑해야 한다고 도저히 불가능한 조건을 꼽는다. 반면 남성들에게 물어보면 아주 심플하다. 예쁘면 모든 조건이 면제된다.

　일부 과학자들은 이상형이 선천적으로 우리 머릿속에 있는 것이라고 믿었지만 결국은 내가 만들어가는 점토인형과도 같은 것이다. 그 인형의 모습은 수시로 바뀌기 마련이며, 내가 느낀 만족감을 토대로 깎고 살을 보태 오직 나만의 작품을 빚어나간다. 마치 갈라테이아를 조각하다가 사랑에 빠진 피그말리온처럼. 이런 이상형을 품고 사는 사람들은 현실에서 만난 상대를 이상적인 기준과 비교해 무리한 요구를 강요하게 되며, 그것을 따르지 않으면 '자신을 사랑하지 않는다'고 쉽게 결론 내버린다. 기준이 높아질수록 상대의 가치는 낮아진다. 결국 그 사랑은 상대에게 치명적인 상처만 남기고 자존심까지 파괴하며, 당사자 역시 정작 누굴 만나도 오래 사귀지 못한다. 상대의 흠을 조금이라도 발견하면 먼저 도망치니 말이다.

이 불행의 원인인 '갈증'은 일부 사람들이 아닌 우리 모두가 가진 것이다. 그것을 완전히 해소할 수 있는 유일한 방법은 '사랑이 가진 낭만성'이 아닌 '진정한 사랑의 회복'뿐이다. 무조건 자신에게 맞춰주려는 적극적인 태도가 좋은 사람의 기준이 되며 사랑의 질을 결정한다는 어리석은 추측과 기대를 경계하자는 것이다. 정작 자신의 결점은 내버려둔 채, 결점을 받아주지 못하는 상대들의 이해심 부족으로 모든 이별의 책임을 전가하며 어딘가 존재할 나만의 이상형을 평생 기다리는 과오만큼은 제발 피하자는 것이다. 매번 낭만적이고 이상적인 태도로 사랑이라는 단어를 반짝이게 포장하는 사람들은 어쩌면 사랑불능자일지 모른다. 그 누구도 완전히 채울 수 없는 나의 사랑 방식 자체에 문제가 있음을 인정하지 않고 끝없이 상대를 통해 채우려는 포식자와 같다.

사랑은 절대 로맨틱이나 러블리로, 순간의 감정으로 설명될 수 없다. 우리가 신혼 초의 달달함을 발산하는 부부를 보면 짧은 부러움에 그치지만, 오랜 시간 서로를 알고 이해하며 손을 잡고 서로에게 감사해하는 노부부를 보면 깊은 울림으로 마음이 따뜻해지는 이유가 거기 있을 것이다. 수많은 끌림과 강렬한 유혹 속에서도 서로 선언했던 사랑의 지속성에 평생 책임을 다하고, 나만의 세계를 고집하는 지독히 독립적인 개인주의에서 벗어나 이질적인 타인의 세계에 온몸으로 부딪히며 결합을 직접 경험하고 겸허히 수용해 진정한 사랑법을 체현했으리라 여기기 때문이 아닐까.

누구나 사랑을 시작할 순 있지만 아무나 사랑을 지킬 수 없다는 것을 깨닫는 순간, 그리고 살면서 이상형을 만날 순 있지만 그 이상적인 기대들로 쉽게 헤어진다는 것을 인정하는 순간에 비로소 조개가 오래 품어 완성한 진주 같은 사랑의 참 의미를 제대로 알게 될 것이다.

어른다운 사랑

인간은 평생을 채우기 위해 살아간다. 크든 작든 세세한 부분까지 채우고 싶어하는 것이 바로 인간의 욕망이다. 이런 욕망을 일으키는 것은 결핍이며, 그 결핍의 빈도가 바로 욕망의 농도를 결정한다.

한 번도 초콜릿이라는 달콤함의 결정체를 맛보지 못한 사람은 입 안에 퍼져나가며 혀를 달달함으로 애무하는 황홀함을 절대 알지 못할 것이다. 일상적으로 먹는 쌀밥이나 과일이나 설탕의 단맛과는 차원이 다른 특별한 단맛이 존재한다는 것을 영영 모를 것이다. 그러나 손과 입 주위에 묻은 검은 달콤함을 알아버린 아이에게 부모가 초콜릿을 먹이지 않으려 한다면, 아이는 결핍을 느끼기 시작한다. 최초의 강렬함은 깊게 각인되어 이성을 잠식시키며 아무리 채워도 채울 수 없는 결핍의 함정에 빠뜨린다. 점점 더 많이, 보다 강한 단맛을 원하게 되어 결국 중독이라는 혼란에 빠진다. 그러나 이성적 절제가 평소 잘 훈련된 어른은 스스로 통제한다. 그 맛을 천천히 오래 만끽하고 충족해간다.

우리가 점점 어른스럽게 사랑을 한다는 의미는 단순히 사랑을 하면서 나이를 먹어간다는 뜻이 아니라 한때 결핍에 깊게 빠져보기도 하고 아파하기도 했던 다양한 감정을 잊지 않고 축적한 성체가 되어간다는 것이다. 즉 인간이 느낄 수 있는 감정들을 한번쯤은 느껴봤기에, 이제 그 모든 것이 처음이어서 자극적이던 무렵처럼 쉽게 무너지지 않는다. 천천히 무뎌지는 것을 당연하게 여길 줄 아는 여유를 갖게 된다는 것이다. 여기서 무뎌진다는 것은 사랑에 무뎌진다는 의미가 아닌 사랑에 불필요한 감정들(시기, 질투, 의심)에 무뎌지고 오직 사랑의 가치에 몰입하는 태도다. 그래서 어른이 되어간다는 의미는 매번 요동치던 감정들의 맥박이 이성이라는 튼튼한 지지대로 전보다 흔들림이 덜해지게 되는 당연한 과정을 겪는다는 것. 무뚝뚝하거나 무감각하거나 무정한 사람이 되어간다는 의미가 결코 아니다.

우리가 아무리 이성의 지지대를 높게 세웠다 해도 충분히 누군가로 인해 설렐 수 있으며, 기뻐하며 박수칠 수 있으며, 슬퍼하며 눈물 흘릴 수 있으며, 그리워하다 잠들 수 있다는 걸 잊지 말아야 한다. 그리고 이것이 바로 내가 살아 있다는 호흡의 증거가 되고 우리가 사랑을 멈추지 말고 계속 해나가야 하는 이유가 된다.

만남부터 이별까지의 연애 과정을 충분히 경험했다고 해서 만남은 가급적 쉽게 하려 하고 이별은 되도록 아프지 않으려 사랑에 발만 담그는 비겁한 태도를 취한 사람들은 나중에 분명 알게 될 것이다. 나를 지키는 최선이라 믿었던 경솔함의 모든 후폭풍은 결국 자신에게 되돌아온다는 것을. 시간이 지나면 그들은 그 누구를 만나도 만족하지 못하고, 그 누구도 믿지 못하는 사랑의 불구자가 되어간다.

기대로 인한 결핍은 상대방이 아니라 내 마음에 달린 것임을 직면하고, 상대를 내 빈틈을 채우는 도구가 아닌 유일한 타자로 인정할 때 비로소 둘만의 세계를 구축할 준비가 된다. 서로의 빈틈을 차곡차곡 메우면 혼자일 때보다 더욱 견고한 사랑의 성이 건설된다.

그런 의미에서 어른다운 사랑은 원하는 맛을 느끼고 식도로 넘겨버리는 입처럼 욕망을 해소하는 게 아니라, 독소는 해독하고 영양분은 소화시키는 몸속 장기들처럼 묵묵히 나와 상대를 성장시키는 데 책임을 다한다.

사랑, 상처 받을 권리

우리는 평생 계속되는 타인과의 만남을 거부할 수 없이 살아간다. 원하든 원치 않든 숨을 쉬는 것만큼 자연스럽다. 이런 의미에서 바라보면 관계란 내가 누구인지 먼저 보여주는 것이 아니라 내가 누구인지 상대가 먼저 느끼고 반응하는 것일 수도 있다. 말, 태도, 손짓, 표정을 내가 내보이기는 하지만 그 모든 행위를 타자가 인지하고 평가하기 때문이다.

즉 관계에서는 '나는 좋은 사람이다'라는 주장이 아니라, '당신은 좋은 사람이다'라는 판단이 우선시된다. '나'라는 존재의 가치를 그 누구도 훼손시킬 수는 없어도, 타인의 반응에 따라 나의 좋고 나쁨이 결정되기에, 특히 일반적인 제3자들이 아닌 나를 가장 가까이에서 지켜보는 사랑하는 사람들에게 재결되기에 중요한 것이다.

우리는 늘 자신만의 기준으로 사람들을 구분해나간다. 좋은 사람, 좋지만 더 지켜봐야 하는 사람, 의심 가는 사람, 불량한 사람…… 이런 기계적인 판단을 쉬지 않고 순간순간 해나간다. 그러나 이런 기계적인 판단의 스위치를 멈추게 만드는 때가 유일하게 존재한다. 바로 당신이 '사랑'을 할 때다.

내가 그녀를 사랑한다는 사실은 기존의 관계 분류를 완전히 배제한다. 초월적 의미를 부여하는 면죄부와 같다. 내게 그녀는 가장 좋은 사람이며, 신뢰하는 사람이며, 믿고 싶은 사람이 된다.

진화론적으로 우리가 사람을 구분하고 판단하며 분류하는 것은 과거부터 누가 나에게 위협적이고 호의적인지를 단시간에 결정해야만 내가 살아남을 수 있었기 때문이다. 그러나 이런 생존을 위한 시스템을 모두 망가트리며 나의 시간, 육체, 자원, 애정을 한 명을 위해 집중한다는 것은 그만큼 사랑의 가치가 생존 욕구보다 얼마나 더 강렬한지 증명한다.

하지만 여전히 사랑의 쾌락을 사랑의 행복으로 착각하는 사람들이 있다. "나는 사랑은 했지만 상처가 없다." 그들은 자신 있게 말한다. 사랑이란 전체의 세계에서 벌어지는 총합적 경험 속에서 같이 웃고 울고 슬퍼하고 기뻐하는 복합적 감정을 느끼는 행복이건만, 사랑은 항상 즐겁고 설레야만 한다며 사랑의 상처를 절대 허용하지 않고 쾌락적으로만 접근하려는 착각에 빠진 사람들이다. 그들은 보다 성숙한 사랑을 위해 이별의 상처와 아픔을 흉터처럼 짊어지고 살아가야 함을 부정하고 오직 흉터 없이 화려한 문신만 남기려 한다. 애초에 상처받을 수 있음을 부정하려 한다.

그들은 결국 우리가 아닌 나만의 이기적인 사랑을 한다. 즉 사랑하는 사람은 오직 나를 위해서만 존재하며, 나만의 기쁨조가 되어야 한다고 믿는다. 나는 주인공이고 상대는 팬이 되어야만 충족되는 나르시시스트의 사랑이다. 그들과의 사랑은 험난하다. 혹여나 신경을 거슬리는 것도, 잠시의 갈등도 용서치 않으며, 자신의 감정이라는 판사가 모든 순간과 가치를 평가하고 판단하기 때문이다.

그러니 이제라도 "사랑은 했지만 상처가 없다"는 말이 얼마나 공허하고 쓸쓸한지 알기 바란다. "이별은 했지만 아프지 않다"는 말 역시 둘만의 무대에서 엔딩까지 마무리하고 함께 퇴장해야 할 주인공이 비겁하게 무대 위에 올라서지도 않은 채 내뱉는 핑계다. 오직 상처 받지 않겠다는 목표 하나만으로 상대의 진심에 상관없이 기계적 판단의 잣대를 대 재단하려 드는 비열함이다.

누구나 노래 가사처럼 '꽃길을 걷는' 아름다움만 남는 사랑을 원한다. 그러나 사랑은 한 철만 피었다가 지는 저 아름다웠던 꽃잎들이 아니라 내리는 눈과 비를 온몸으로 맞는 소나무처럼 계절을 받아들이며 조금씩 자라나는 것이다. 차라리 생소한 야생, 예측 불가능한 밀림으로 둘이 떠나는 모험과도 같다. 아름다움을 잠시 스쳐 지나가는 마음과 아름다움을 찾아 난관에 도전하고 위험을 극복해나간다는 마음의 차이가 바로 사랑을 대하는 진지함의 차이다.

그래서 당신이 사랑하는 상대에게 언제라도 상처 받을 수 있다는 사실을 인정했다면 지금 누구보다 뜨겁게 사랑에 집중하고 있다는 증거다. 절대 상대에게 달려가는 속도만큼은 줄이지 않겠다는 사랑의 확고한 의지다. 감히 누구나 하지 못할 진지한 사랑을 당신은 몸소 보여주고 있는 것이다.

그러니 부디 상처 받을 권리를 잊지 않길 바란다. 반드시 멸균되어야만 깨끗해졌다고 믿는 사람은 멸균실에서 영영 고립되기 마련이고, 상처 없이 사랑을 하겠다는 사람은 상처 받기 전에 매번 사랑을 그만둬야 할 테니.

사랑은 집중이고 초월하며 다수이다

생각해보면 사랑이라는 것도 사뭇 특별하게 보이지 않는다. 연인에 한해 허용되는 데이트라고 하지만 아는 이들과 별반 다르지 않은 약속을 하고 밥을 먹고 커피를 마시며 대화를 나눈다. 그러나 그렇게 보낸 시간들의 가치는 지인, 가족, 친구들과 보낸 시간과는 분명 다르다고 우린 믿는다. 왜일까?

사랑은 서로를 집중하게 한다.

사랑하는 커플이 커피숍에서 서로의 눈을 바라보며 대화하는 장면을 생각해보라. 다른 어떤 사이도 상대의 재미없는 농담과 논리적이지 못한 말들에도 고개를 끄덕이며 들어줄 순 없다. 지인이라면 적당히 듣다가 눈치를 주고, 친구라면 대체 무슨 말이냐며 바로 욕을 날릴 것이다. 연인 간의 이런 집중은 서로에 대한 집중일 뿐 아니라 다른 세계와의 차단을 의미한다.

주변의 숱한 비난과 반대에도 더욱 돈독해지는 관계는 오직 사랑밖에 없다. 어떤 상황에서도 절대 놓지 않았던 분신 같은 핸드폰을 당신 스스로 멀리하도록 하는 힘도 바로 사랑이다.

사랑은 구분을 초월한다.

우리가 보고 자란 애니메이션이나 드라마 또는 영화 속의 러브스토리가 감동을 주는 이유는 언니들에게 모질게 당하던 착한 여인이 백마 탄 왕자와 결혼하는 극적 결말 때문만은 아니다. 미녀가 야수를 진심으로 사랑하자 저주가 풀려 왕자의 본모습으로 돌아오는 반전 때문도 아니다. 바로 이 세상이 규정해놓은 모든 구분과 차별을 극복하게 하는 사랑의 힘 때문이다. 장애물은 나이일 수도, 피부색일 수도, 신분일 수도, 신체적 어려움일 수도 있다. 보통의 존재들이 사랑하기 어렵다며 한 걸음씩 물러설 때 사랑을 하는 주인공들은 보편적인 판단을 다 깨부수며 한 걸음 더 다가가 초월적인 사랑의 힘으로 부조리한 편견들을 무력화시킨다. 이 사랑의 확장은 하나의 개인에서 시작되어 종교와 이념, 국가를 뛰어넘고 결국 우리가 인류의 일원으로서 평등을 실현시키는 원동력이 된다.

사랑은 최초의 다수이다.

너를 사랑한다는 선언은 기존의 하나였던 내가 너라는 사람을 만나 최초로 둘이 되는 사건이며, 최초로 내가 하나를 벗어나 다수가 되는 시작점이다. 다수가 된다는 것은 기존의 자기중심적 사고와 강제로 제약된 행동에서 벗어나 자발적인 판단으로 책임감을 갖는 계기가 된다. 그리고 이런 책임감은 서로를 보호하고 배려하며, 처지가 다르거나 사상의 차이를 발견하더라도 거부하지 않고 인정하며 화합의 용기를 부여한다. 그래서 사랑을 꽃길보다는 끈덕지게 이어지는 일종의 모험이라고 말한 것이다.

"최초의 장애물, 최초의 심각한 대립, 최초의 권태에 마주했을 때 사랑을 포기하는 행위는 너무 쉽게 사랑을 대하며 왜곡하는 것"이라는 바디우의 비판대로, 사랑은 일반적인 만남처럼 가벼이 소모되는 관계가 아니라 앞에 놓인 서로의 장애물을 함께 극복하며 신뢰를 구축하는 둘만의 행선지 없는 모험과 같다.

사실 우리는 지식이나 교양을 지닌 사람을 존경하지만 정작 교제할 상대로는 함께 어울리고 즐거움에 동참할 줄 아는 상식 있는 사람을 더 선호한다. 소양은 언제라도 홀로 의자에 앉아 채울 수 있지만 사랑을 수행하는 기질과 태도는 오로지 다수에게 한 번이라도 따뜻해본 사람만이 가능하기 때문이다. 그리고 그 따뜻함은 비록 모두가 원하는 곳으로 데려가주지는 못할지라도 모두가 가야 할 곳의 시작이 되어주긴 한다.

로미오와 줄리엣은 죽지 않았다

2007년 9월 프랑스의 한 시골집에서 84세의 한 남자와 83세의 한 여자가 숨진 채 발견됐다. 친구들에게 쓴 편지 한 다발과 함께 삶에 작별을 고한 이들은 바로 프랑스의 대표적 사회철학자 앙드레 고르 André Gorz 와 부인 도린이었다.

그가 남긴 편지는 이렇게 시작되었다.

당신은 곧 여든두 살이 됩니다. 키는 예전보다 6센티미터 줄었고, 몸무게는 겨우 45킬로그램입니다. 그래도 당신은 여전히 탐스럽고 우아하고 아름답습니다. 함께 살아온 지 쉰여덟 해가 되었지만, 그 어느 때보다 더 나는 당신을 사랑합니다. 내 가슴 깊은 곳에 다시금 애타는 빈자리가 생겼습니다. 오직 내 몸을 꼭 안아주는 당신 몸의 온기만이 채울 수 있는 자리입니다.

_앙드레 고르, 《D에게 보낸 편지_Lettre a D: Histoire d'un Amour_》
(학고재, 2007), 5쪽.

"실존은 본질에 앞선다"는 말로 유명한 프랑스의 철학자 사르트르Jean Paul Sartre가 "유럽에서 가장 날카로운 지성"이라고 칭찬했던 앙드레 고르는 프랑스를 대표하는 당대의 지성인이었다. 그런데 첨예한 시각으로 노동시장의 부조리를 진단한 그의 업적보다 더 주목받은 것이 바로 그 어떤 영화보다 극적이고 소설보다 감동적인 러브스토리였다.

서로를 구속하는 결혼은 부르주아적 제도라 비판했던 앙드레 고르는 평생의 반려자인 도린을 만나고 2년 뒤 서로의 사랑을 서약하며 결혼을 했다. "당신은 내 부족함을 채워주는 타자성의 차원으로 나를 이끌어주었습니다"라는 고백과 함께.

그러나 그와 그녀의 빛나는 지성에 맞지 않게 지독히도 가난한 생활의 연속이었다고 한다. 여러 직장을 옮겨 다녀도 가난을 벗어나기에는 역부족이었다. 하지만 가난은 불편한 장해일 뿐 오히려 서로 의지하고 극복해야 하는 대상이 되어 서로의 역량을 집중하게 했고, 그들의 사랑은 점점 공고해졌다. 특히 그녀는 누구보다 그의 능력을 믿어주었고 곁에서 부인이자 동료로서 그가 남긴 업적의 숨은 조력자가 되어주었다.

그러나 두 사람의 견고한 사랑을 질투한 운명은 그들을 가만두지 않았다. 도린에게 찾아온 거미막염이라는 불치병으로 인해 근육위축과 잦은 두통으로 더 이상 온전한 생활이 불가능하게 된 것이다. 그녀는 끝내 자신의 생명의 권한을 지키겠다며 의학 치료를 거부했고, 그녀의 곁에는 남편인 앙드레만 남게 된다.

결국 모든 공적인 활동을 접고 20여 년간 오직 그녀의 곁을 간호하며 지켰던 한 남자가 자신이 사랑했던 존재를 세상에 알리기 위해 마지막으로 남긴 편지는 다음과 같았다.

밤이 되면 가끔 텅 빈 길에서, 황량한 풍경 속에서, 관을 따라 걷고 있는 한 남자의 실루엣을 봅니다. 내가 그 남자입니다.
관 속에서 누워 떠나는 것은 당신입니다.
당신을 화장하는 곳에 나는 가고 싶지 않습니다.
당신의 재가 든 납골함을 받아 들지 않을 겁니다.
캐슬린 페리어의 노랫소리가 들려옵니다.
"세상은 텅 비었고, 나는 더 살지 않으려네"
(…)
우리는 둘 다, 한 사람이 죽고 나서 혼자 남아 살아가는 일이 없기를 바랍니다.
우리는 서로에게 이런 말을 했지요. 혹시라도 다음 생이 있다면, 그때도 둘이 함께하자고
(2006년 3월 21~6월 6일)

_앙드레 고르, 《D에게 보낸 편지》, 89~90쪽.

사랑을 알고 싶어 쓰기 시작한 이 책은 이렇게 마지막 순간까지 사랑을 함께한 남녀의 이야기로 끝맺게 되었다.

어찌 사랑의 복잡하고 다양한 정의를 이 책 한 권에 다 담을 수 있을까마는 집필을 하면서 특별히 전하고 싶었던 것은 두 가지였다. 사랑의 시작보다 중요한 '사랑의 지속성', 그리고 언제나가 아닌 '지금'의 소중함.

나는 확신한다. 아마도 사랑이라는 단어가 없었다면, 사랑을 경험하지 못했다면, 사랑을 고찰해보지 않았다면 나라는 존재는 그전보다 나은 말과 행동과 생각을 하지 못했으리라는 것을. 그만큼 내 삶은 사랑하기 전과 후로 크게 나뉜다. 그래서 '사랑이란 무엇인가'라는 질문은 앞으로도 계속될 것이다. '나는 누구인가'라는 평생의 질문에 대답이 될 테니까.

사랑은 언젠가 추락할지 모를 이별이라는 절벽을 알면서도 희망을 선언하며 영원이라는 꼭대기까지 끊임없이 등반하려는 시도일지도 모른다. 힘겹게 올라갈수록 높은 곳에서 추락할지 모른다는 미래에 대한 불안보다, 현재 성실한 등반의 시간과 더욱 멀리 보이는 풍경을 만끽하는 성장을 경험하기 위해서다. 그렇게 사랑은 너와 나라는 두 주체가 모두가 불가능하다고 말한 어려움들을 손잡고 극복해가면서 서로가 가진 삶의 의미를 가장 충실하게 부여하는 경험이 되고, 평생 한 번밖에 쓰지 못하는 새로운 역사가 된다.

지금 그리고 앞으로 사랑이라는 영광의 문에 들어설 모든 소중한 이들에게 매순간 사랑이 충만하길 바란다. 누구나 사랑을 시작할 수 있지만 누구나 쉽게 얻지 못하는 사랑의 지속성이라는 값진 경이로움에 조금 더 가까워지길, 이 책으로나마 응원한다.

사랑을 알 수 있다면
불완전한 사람들의 완벽한 사랑

초판 1쇄 인쇄 2019년 3월 25일
초판 1쇄 발행 2019년 3월 30일

지은이 강원상
펴낸이 임현석

펴낸곳 지금이책
주소 경기도 고양시 일산서구 킨텍스로 410
전화 070-8229-3755
팩스 0303-3130-3753
이메일 now_book@naver.com
홈페이지 jigeumichaek.com
등록 제2015-000174호

ISBN 979-11-88554-21-8(03180)

이 도서의 국립중앙도서관 출판예정도서목록(CIP)은 서지정보유통지원시스템 홈페이지(http://seoji.
nl.go.kr)와 국가자료공동목록시스템(http://www.nl.go.kr/kolisnet)에서 이용하실 수 있습니다.(CIP제
어번호: CIP2019010021)